ÉVENOR

ET

LEUCIPPE

PAR

GEORGE SAND.

2

PARIS
LIBRAIRIE DE GARNIER FRÈRES,
6, RUE DES SAINTS-PÈRES, ET PALAIS-ROYAL, 215.
—
1856

ÉVENOR ET LEUCIPPE.

ÉVENOR

ET

LEUCIPPE

PAR

GEORGE SAND.

2

PARIS
LIBRAIRIE DE GARNIER FRÈRES,
6, RUE DES SAINTS-PÈRES, ET PALAIS-ROYAL, 215.
—
1856

L'éditeur se réserve le droit de traduction et de reproduction à l'étranger.
S'adresser, à Paris, à M. Ph. Coltier, rue Constantine, 25.

LE VERBE.
(Suite.)

IV

Le Verbe.
(*Suite.*)

Evenor et Leucippe ne comprirent que vaguement la bénédiction que la dive exaltée adressait au principe des choses, Âme du monde. Mais la bénédiction particulière que ses caresses consacraient sur la tête d'Evenor répandit dans leurs âmes une joie instinctive. La formule d'hyménée que Téleïa prononçait sur eux ne leur fut qu'à demi intelligible. Ils y virent celle d'une égalité complète dans l'amour qu'ils inspiraient à la dive, et qu'ils éprouvaient l'un pour l'autre.

A partir de ce jour, la langue d'Evenor fut comme déliée d'un empêchement fatal, et il fut rapidement initié à toutes les formes du langage dans l'ordre des idées aussi bien que dans celui des faits. Il retrouva en même temps, car toutes les forces de l'esprit se tiennent, le souvenir complet de la langue qu'il avait parlée dans sa famille, et il voulut l'enseigner à la dive; mais elle s'y refusa. — Non, lui dit-elle, je ne dois pas converser avec les hommes. Il ne m'est pas donné de les instruire directement. Dieu m'a envoyé en vous deux des intermédiaires qui garderont l'idée que j'ai à leur transmettre, et ma mission n'est pas de changer, mais de modifier votre nature. Si je vous parlais la langue des hommes, vous négligeriez celle de Dieu. Conservez donc entre vous cette manifestation qui vous servira un jour avec vos semblables ; mais servez-vous de moi, pendant que vous m'avez avec vous, pour vous pénétrer d'une manifestation plus élevée qui ne s'adresse qu'à l'esprit.

Des mois et des années s'écoulèrent, et le désert vit grandir Evenor et Leucippe en force, en beauté, en intelligence, en amour et en science. Chaque jour la dive leur enseignait la grandeur et la sagesse divines. La première fois qu'elle communiqua cette notion à Evenor, elle fut ravie de la lui voir admettre sans surprise et sans résistance.

J'aurais cru, lui dit-elle, que, moins jeune et moins modifiable que Leucippe, tu me demanderais la preuve matérielle de ma révélation.

— Non, dit Evenor, je ne te la demande pas, parce que si tu me demandais pourquoi j'aime Leucippe, je ne pourrais te rien répondre, sinon que j'aime parce qu'elle est. A présent, tu me dis que Dieu est parce que j'aime : — je te comprends assez pour te croire.

Et quand la dive instruisait Evenor et Leucippe, elle leur disait : « Dieu est ce que vous ne pouvez pas aimer par l'instinct. Il faut toute l'étendue de vos aspirations, toute la force de vos esprits, toutes les facultés supérieures qui sont en vous dans vos plus doux moments de joie et de tendresse, pour vous pénétrer de sa présence et de son amour. Vos sens ne peuvent l'embrasser, votre mémoire ni votre imagination ne peuvent se le représenter, car il n'a pas une forme déterminée que vos organes puissent saisir. Sa forme, c'est l'univers infini, et vous ne vous représenterez jamais l'univers infini que par une puissance de l'âme dont l'organe particulier est distinct des autres organes humains. Cet organe est celui d'une vision intérieure qui rend l'être plus pur et plus fort, et qui l'élève, dès cette vie, dans l'ascension toujours plus large et plus rapide vers les cimes de l'immortalité.

Evenor méditait les leçons de la dive, et quand les mots dont elle se servait dépassaient sa portée, il se les traduisait à lui-même dans la forme qu'il lui était donné de concevoir. Quelquefois Leucippe faisait des questions ingénues :

Si toutes choses sont des présents de Dieu, disait-elle, le soleil et les étoiles sont Dieu là-haut, et toi, ma mère, tu es Dieu ici, ainsi que mon frère et moi.

— Toutes choses sont divines, répondait la dive ; mais Dieu n'étant contenu et limité dans aucune, aucune n'est Dieu. Le soleil est un des innombrables sanctuaires de sa munificence, et nos âmes aussi sont des sanctuaires que son amour habite. Lui seul est tout ce qui est. Il est celui qui donne et qui ne se montre à nos sens que par ses dons. La beauté de ces dons nous révèle la beauté de son amour. Mais après qu'il t'a donné la vue des cieux et les délices de la terre, il t'a bénie plus tendrement encore en te donnant la pensée qui est l'œil de ton âme pour voir tous les astres et toutes les fleurs du monde divin de l'infini. Entre ce monde de l'esprit et celui des sens, il y a un lien qui les unit et les révèle l'un à l'autre. Ce lien, c'est la puissance d'aimer. Quel autre te l'aurait donné, sinon celui qui est l'amour même ?

— Et si j'aime beaucoup, disait Leucippe, Dieu m'aimera-t-il encore mieux qu'il n'aime mon frère ?

— Désires-tu donc qu'il l'aime moins que toi ? reprenait la dive.

—Non ! s'écriait l'enfant effrayée ; il faudrait plutôt qu'il l'aimât davantage.

— Tu vois bien, disait alors Téléïa, que l'on ne doit pas être jaloux de Dieu, et ne pas s'embarrasser du plus ou moins de bonheur qu'il nous accorde. L'amour doit être désintéressé, et se trouver assez heureux de venir de lui et de pouvoir y retourner.

Et quelquefois, en parlant ainsi, Téleïa laissait tomber, à son insu, des larmes sur les beaux cheveux de Leucippe. La dive infortunée songeait à ses douleurs et bénissait encore Dieu dans le déchirement de ses entrailles.

Evenor, en la voyant pleurer, éprouvait aussi une douleur profonde sur laquelle il n'osait pas d'abord l'interroger. Il pensait à sa mère, et se la représentait pleurant son absence comme Téleïa pleurait la mort de ses enfants. Il avait demandé, aussitôt qu'il avait su parler, s'il pouvait sortir du Ténare, et Leucippe lui avait dit en riant :

— Non, puisque la terre a tremblé et

qu'elle s'est noyée sous la mer. Mais qu'est-ce que cela fait, puisqu'il y a ici beaucoup de terre pour marcher, beaucoup de coquillages sur le sable et de graines dans la forêt pour notre nourriture, ainsi que beaucoup d'animaux et d'oiseaux pour nous tenir compagnie?

Leucippe croyait être fille de Téleïa, et la différence que celle-ci établissait parfois dans ses paroles entre les dives et les hommes, ne présentait aucun sens à son esprit. Quand Evenor se hasardait à lui demander où était sa mère à elle, elle le regardait avec de grands yeux étonnés et, lui montrant la dive, elle répondait :

— Est-ce que tu ne la vois pas?

— Et cependant, disait Evenor timidement, elle n'est pas comme nous. Elle est très-grande, très-pâle, et toujours triste ou sérieuse. Quand elle sourit, elle pleure en même temps, et quand elle pleure, elle sourit encore. Elle ne regarde pas comme nous, elle ne dort pas comme nous. Elle a froid quand nous avons chaud et chaud quand nous avons froid. Elle va sur la solfatare, et là où nos pieds brûleraient, elle marche tranquillement. Elle nous défend d'approcher des rochers où gronde l'eau fumante, et elle y descend et y reste quelquefois longtemps comme si elle s'y trouvait bien. Elle nous suit au bord de la mer et partout où il nous plaît d'aller, mais quelquefois on dirait qu'elle ne peut plus respirer, et que ce qui nous réjouit la fait souffrir, transir ou brûler.

Leucippe, qui n'avait encore rien remarqué de tout cela, s'inquiétait alors et devenait triste, et suivant les mouvements de la dive, elle s'arrêtait quelquefois au milieu de ses joies expansives et de l'emportement de son activité, pour lui demander ce qu'elle avait. Dans ces moments-là, les belles couleurs de Leucippe s'effaçaient tout à coup sans qu'elle pût s'expliquer à elle-même pourquoi elle avait peur et chagrin en même temps, car la dive ne lui avait encore parlé de la maladie et de la mort que comme de maux qui avaient affligé la terre autrefois, et dont elle ni Evenor n'avaient pas à se préoccuper.

En voyant pâlir Leucippe, Evenor se reprochait de l'avoir alarmée, et Téleïa s'empressait de la rassurer en lui disant qu'elle n'avait que sujet de remercier Dieu de toutes choses.

Mais Evenor, ayant vécu parmi les

hommes, avait plus que Leucippe la notion de la vieillesse et de la mort. Il avait peu vu la souffrance, mais il se rappelait avoir éprouvé les frissons de la fièvre et l'accablement de la maladie. Il se retraçait la caducité de son aïeul, sa démarche traînante et son pas incertain. Quelquefois la dive lui paraissait arrivée à la décrépitude, et il lui demandait timidement, quand Leucippe ne pouvait pas l'entendre, si elle était vieille. Mais Téléïa n'avait bien souvent, sur les choses de fait, que des réponses obscures, ambiguës comme des oracles.

— Quand même je compterais des siècles, disait-elle, je serais encore bien jeune sur la terre.

—

Et il y avait des moments d'enthousiasme et de prière où elle semblait si forte, si belle et si vivante, qu'Evenor prenait d'elle une idée plus haute que celle qu'il avait gardée de son aïeul, de sa propre mère et de toute sa race. Il en exceptait pourtant Leucippe qu'il eût crue volontiers immortelle, et lui-même qu'il sentait libre et fier jusque dans son respect et sa soumission pour la dive.

A mesure qu'il avait su parler avec cette dernière, il lui avait raconté ce qu'il comprenait de sa propre histoire. Téléïa avait exigé qu'il lui fît ce récit pendant le sommeil de Leucippe. Elle n'avait pu lui expliquer par l'induction le côté mystérieux de son entrée dans l'Eden; et comme elle n'était pas une intelligence parfaite; comme, à côté de ses notions élevées sur l'œuvre divine et le rôle de la Providence, elle avait, dans l'âme, des défaillances de lumière, elle s'imagina que Dieu avait transporté Evenor, durant son sommeil, dans le lieu où il devait oublier sa première existence avant d'être initié à la science des dives et de devenir digne de Leucippe. Déjà, nous l'avons dit, elle tenait aux ténèbres de la terre par un penchant prononcé au fatalisme.

Elle n'osa pourtant faire partager cette

pensée à Evenor, craignant peut-être de l'effrayer par la possession qu'elle voulait prendre de lui pendant un temps donné. Aussi quand il lui manifesta le désir de revoir sa mère :

— Cruel enfant, lui disait-elle, veux-tu donc faire mourir Leucippe? Ne vois-tu pas que si elle a pu vivre de ma vie jusqu'au moment où tu es venu lui donner la tienne, elle ne pourrait plus maintenant se passer du souffle divin qui t'a été confié pour elle ?

Et comme Evenor lui disait :

— Je ne crois pas pouvoir sortir de l'Eden ; je l'ai essayé en vain, et tu m'as juré que je ne pouvais pas davantage sortir du Ténare. Cependant ne dois-je pas essayer encore de trouver un chemin, même quand je devrais risquer ma vie ?

— Elle répondait :

— Viens donc dire adieu à Leucippe ; car si tu perds la vie en voulant gravir ces terribles montagnes, elle mourra en même temps que toi, et si tu parviens à revoir tes parents, ils ne te laisseront pas revenir, et Leucippe mourra de langueur avant qu'il soit un an.

Evenor était frappé d'épouvante à l'idée de faire mourir Leucippe, et il vit bientôt que Téleïa lui disait la vérité, car, lorsqu'il la quittait pendant quelques heures pour chercher, sans le lui avouer, une issue dans la montagne, ou pour aller lui cueillir dans l'Eden certaines fleurs ou certains fruits que ne produisait point la solfatare, il la retrouvait morne, pâlie et languissamment couchée sur la mousse comme une fleur qui attend la pluie.

Un jour pourtant, il eut le courage de lui dire que s'il pouvait retrouver le chemin de la terre des hommes, il irait revoir cette terre pour revenir aussitôt. Leucippe fut étonnée. Elle savait l'existence des hommes et de la terre habitée par eux; mais elle croyait encore son frère *né du rocher*, comme disait la dive dans ses obscurs symboles.

— Que veux-tu donc voir de plus beau sur l'autre terre, lui dit-elle, que ce que nous avons sur la nôtre? Et comment vivras-tu un seul jour chez les hommes, puisque c'est ici que tu aimes? Et tu vois comme la terre frissonne quelquefois, comme elle renverse ses rochers et perd ses rivages ! Si tu t'en vas et que tu ne trouves plus de chemin pour revenir !... »

Leucippe, dont les idées étaient spontanées et d'autant plus vives qu'elle n'était sujette à aucune prévision, ne put exprimer celle qui s'offrait à elle. Elle pâlit et tomba dans les bras d'Evenor. Stupéfait de ce qu'il prit pour un sommeil subit, il voulut en vain l'éveiller. Puis il lui sembla qu'elle était morte. Ses cris appelèrent la dive, qui la ranima par ses soins; mais Évenor ne reparla plus de revoir sa terre natale et résolut d'oublier sa mère.

Il n'osa même plus aller dans l'Eden. Leucippe l'avait suivi quelquefois jusqu'à l'entrée de ce sanctuaire dont la vue la jetait dans de grands transports de joie. Mais, quoique son frère eût arraché le buisson d'aloès et rendu le chemin facile dans la fente du rocher, elle ne pouvait descendre, et elle eût pu encore moins remonter, l'escarpement qui terminait ce passage du côté de l'Eden. Il n'était pas sans danger pour Evenor, et la peine qu'il avait à l'escalader pour revenir vers elle ramenait la pâleur sur les lèvres de Leucippe et la fixité de la mort dans ses yeux éteints.

Les deux adolescents étaient entrés dans la jeunesse. La dive, qui, durant les premières années, les avait laissés souvent seuls ensemble, ne les quittait plus depuis le jour où elle avait vu Evenor parler bas à Leucippe, pour lui dire son amour. Il le lui avait dit cependant avec la même candeur que le jour où il avait prononcé ce mot pour la première fois, et, bien qu'elle se fût refusée à apprendre la langue des hommes, qu'ils parlaient entre eux, la dive, à force de les entendre, en savait assez pour qu'ils n'eussent point de secrets pour elle. Mais un instinct mystérieux commençait à agir chez l'adolescent à son insu.

Il avait besoin de dire plus souvent à

Leucippe, j'aime, et en le lui disant bas, il s'imaginait le mieux dire. Leucippe, plus enfant que lui, le disait tout haut, et Téleïa veillait à ce que le trouble qui commençait à s'emparer d'Evenor ne se communiquât point à sa compagne avant qu'elle pût le ressentir complet et divin.

Un jour, elle vit Leucippe rougir et détourner ses regards des siens, en écoutant ce mot qui l'avait toujours fait franchement rayonner et sourire. Elle jugea qu'il était temps d'instruire ses enfants dans la religion de l'hyménée, et, s'asseyant entre eux au bord de la mer harmonieuse et tranquille, elle prit leurs mains dans les siennes et leur parla ainsi :

LES DIVES.

V

Les Dives.

Le moment est venu, ô Leucippe, où tu dois savoir que je ne suis pas la mère qui t'a portée dans ses flancs, et cependant, ne t'afflige pas, enfant de mon âme : tu es la fille que Dieu m'a donnée pour me réconcilier avec la loi de la mort, comme Evenor est le frère et l'époux que Dieu te donne pour connaître et chérir la loi de la vie.

L'heure est venue, enfants des hommes, où vous devez aussi me connaître et savoir tout ce que je puis vous enseigner du monde auquel vous appartenez ainsi que moi. Evenor, l'aïeul dont tu m'as si souvent raconté les naïfs entretiens touchant l'origine des choses humaines, ne savait rien des choses de Dieu. Il eut cependant raison de te dire que, de toutes parts, l'eau entoure la terre des hommes, car les plus grandes terres de ce monde ne sont que de vastes îles.

Eh bien ! il n'en a pas été ainsi de tout temps. Jadis, ce monde fut une mer de flammes, et cette froide mer que tu vois, tomba du ciel pour l'éteindre. Je t'ai raconté comment, sur les rochers qui s'en dégagèrent peu à peu, les limons, les cendres, les poussières, les ruines, devinrent les champs féconds où germa la semence de la vie.

Je t'ai dit les grandes convulsions du feu primitif refoulé sous les pierres et les métaux sortis de son sein; luttes mémorables que virent les anges et qui furent racontées aux dives.

Je t'ai montré ici, dans cet espace resserré que nous habitons, les traces du feu créateur et destructeur tour à tour, et, t'expliquant ces formes étranges de la montagne qui confondaient ton esprit et que tu aurais volontiers prises pour le travail de mes ancêtres, je t'ai fait suivre de l'œil les effets d'une cause naturelle. Tu as lu avec moi dans le livre de la création, et je t'ai enseigné, en même temps, à interpréter, à inventer et à tracer ces caractères que nos faibles mains peuvent laisser sur le roc et sur le métal, pour éterniser parmi les races futures le souvenir de notre existence, lié à celui des événements de la nature, dont elle a été le témoin.

Tu peux donc, en regardant non-seulement ces caractères, mais ceux plus grands, plus durables et plus expressifs dont la terre est sillonnée sous tes pieds, te faire une idée de l'ensemble de ce monde, peut-être si petit dans l'univers, mais, à coup sûr, immense en comparaison du point que peuvent embrasser tes regards.

Ce que je ne vous ai pas encore raconté,

ô mes enfants, c'est l'histoire de la vie, passant du morne repos ou de la furieuse insensibilité de la matière au sein du chaos, à l'activité sereine ou à la sensibilité docile de l'esprit dans la création accomplie. Vous savez les lois qui régissent la vie dans notre monde actuel autant que je les sais moi-même ; mais vous ne les savez pas quant au monde qui n'est plus. Sachez donc aussi le passé comme je le sais moi-même.

Ma race ne croyait point être la première qui eût possédé le séjour terrestre ; mais il ne m'appartient pas de vous parler de mystères que j'ignore. Vous devez apprendre seulement l'histoire de la grande famille céleste à laquelle j'appartiens, et dont l'énergie s'est épuisée avec celle du milieu qui l'avait engendrée. Pendant longtemps, les hommes nés d'hier garderont le pâle souvenir de cette race antérieure, dont le nom se perdra bientôt dans la confusion des origines, et dont on cherchera vainement la trace effacée de la surface de la terre. Un nom prévaudra peut-être généralement dans la diversité des langues, pour exprimer plus ou moins bien que nous fûmes les premiers maîtres de cette terre, où le seul pouvoir durable devrait s'appeler vicissitude.

Je vous ai dit que ce monde-ci n'avait pas toujours été éclairé et réchauffé par le feu des astres supérieurs. Quand il était de beaucoup de siècles plus jeune, il tirait de lui-même sa chaleur et sa lumière. Ce ne fut pas en un jour que les amas de nuées produites par le feu primitif s'épanchèrent en eaux ruisselantes. Ce ne fut pas non plus en un jour qu'elles se retirèrent d'une partie de sa surface. Nul de nous ne vit ce déluge dont les déluges subséquents et partiels n'ont pu nous donner qu'une faible idée. Ceux que vous verrez peut-être n'en approcheront point, ou bien la race humaine y disparaîtra tout entière.

Il y eut donc ici-bas un âge, c'est-à-dire une incommensurable phase de temps, pendant lequel la terre jouissait d'un équilibre relatif qui n'est pas le vôtre, mais celui où d'autres êtres pouvaient et devaient être appelés à la vie. Ils le furent, et ils obéirent à ses lois, tant que leurs conditions d'existence furent maintenues. Les autres créations que vous voyez briller dans l'éther ont dû précéder l'existence de celle-ci. Du moins, c'était la croyance de nos derniers sages, que les astres sont des mondes et que l'amour universel ne pouvant rester oisif, c'est-à-dire exister sans être uni à la substance, l'ensemble des mondes ne pouvait pas avoir eu de commencement. Mais, que le soleil fût créé ou non quand nous fûmes appelés sur la terre, qu'il fût un globe ardent ou un monde semblable à celui-ci, nos premiers pères, enveloppés dans des nuages d'où l'atmosphère translucide ne s'était pas encore dégagée, ne connurent point cet astre ni les autres, et ne marchèrent qu'à la clarté phosphorescente qui rayonnait de la surface même de la terre.

Longtemps donc avant que ce cruel et

splendide soleil vint à percer les vapeurs qui nous enveloppaient et qui continuaient à s'exhaler du sol humide et suant, nous naquîmes sous le dôme impénétrable d'une forêt de palmiers, de chênes et de pins de différentes espèces, dont ceux que vous trouvez si grands dans votre Eden ne sont que l'image affaiblie. De même que les animaux que nous connaissons aujourd'hui sont moindres que ceux dont ma race se vit jadis entourée, votre taille n'atteint point la stature de mes ancêtres. La durée de votre vie est moindre aussi, et deviendra moindre encore, de même que la mienne est limitée à un temps plus court que ne le fut celle des dives qui ont vécu longtemps avant moi. La terre était plus grande jadis, parce qu'elle était plus dilatée. Les plantes et les êtres qu'elle produisait étaient proportionnés à la force d'expansion de sa vie. Tout se modifia et se réduisit, le monde et ses productions, durant les myriades d'années que nous avons dû y passer; car nous avons toujours ignoré l'heure de notre apparition ici-bas, comme vous ignorerez probablement vous-mêmes l'heure de la vôtre, dans la suite des âges, comme vous l'ignorez peut-être déjà, depuis si peu de jours que vous vous sentez vivre.

Notre origine nous fut donc toujours voilée ; mais un solennel pressentiment nous fit envisager notre fin prochaine, alors que nous sentîmes la terre se refroidir brusquement sous nos pieds. Jusque-là, bien que sa chaleur intérieure diminuât sensiblement, nous existions sans trop d'efforts. Les sources qui jaillissaient de toutes parts étaient encore brûlantes et répandaient une douce vapeur qui, mêlée aux exhalaisons des solfatares et des lacs marécageux, contenait le rayonnement et la diffusion de la chaleur terrestre dans l'espace. Nos épaisses forêts nous dérobaient la vue des froides étoiles, et bien que le soleil commençât à répandre, sur nos brume éclaircies, l'éclat d'un voile d'or verdâtre, nous ne comptions pas sur lui pour suffire à notre existence. Il était pour nous une pure magnificence de la création. Nos fruits tièdes et aqueux, nos arbres gigantesques, nos pâles et larges fleurs prospéraient sur le sol humide, où notre race blanche et douce, à l'allure imposante, n'avait rien à craindre des animaux paresseux et tranquilles.

Je vous raconte là, ô mes enfants, les âges que l'on m'a racontés ; car je n'ai pas vécu de longs jours, et, dans le temps où je suis née, l'âge des dives ne se prolongeait déjà plus guère au-delà de deux siècles. Il n'y a que la moitié d'un siècle que j'existe, et les choses que j'ai vues sont, à peu de chose près, celles que vous voyez en ce moment même. C'est ainsi que notre existence se soude à la vôtre, non par les liens du sang, vous êtes une création nouvelle, mais par la similitude des conditions vitales où notre race finit, tandis que la vôtre commence.

L'histoire ancienne des dives embrasse une période qui ne se racontait parmi nous qu'à l'aide de la tradition. Nous n'avions pas toujours eu besoin d'écrits et de monuments pour nous transmettre les récits des âges écoulés. D'après ce que j'ai appris des hommes et ce que j'étudie en vous-mêmes, nous n'étions point semblables à vous par l'activité et la curiosité. Nous nous ressemblions tous comme les flots de la mer se ressemblent ; nos instincts ne différaient que faiblement ; nos besoins étaient bornés, et la rêverie dominait notre esprit sans cesse plongé dans une molle quiétude, ou dans la contemplation d'un monde intérieur.

Dans notre état normal, nous ne songeâmes point aux arts de l'industrie. Les chants et les symboles étaient notre histoire. Nous n'étions point avides de découvertes. Les terres étaient plus qu'aujourd'hui séparées les unes des autres par des mers immenses, et celles que nous occupions se ressemblaient grâce à une température partout égale. Leur aspect ne frappait point l'imagination, les brouillards éternels ne découpant aucune forme lointaine, aucun horizon déterminé. Nos pensées étaient donc plus profondes que variées, et le ciel que nous pressentions sans le voir, nous intéressait plus que les inextricables réseaux de verdure où nos corps étaient comme emprisonnés. Nous cherchions notre certitude dans nos pensées plus que dans nos regards, et notre enthousiasme se portait vers les choses de l'esprit, nullement vers celles de la pratique. Nous ne songions point à nous élever des demeures. Tout nous était abri sous nos grands chênes, même le pavillon de brouillards magnifiquement diaprés qui pesait sur leurs cimes. La nuit ne nous apportait point de ténèbres et l'hiver point de frimas. La religieuse uniformité de nos voûtes de feuillages et la majesté de nos arbres séculaires faisaient de la nature entière un temple mystérieux où nous vivions recueillis, de l'enfance à la vieillesse.

Comment la Divinité s'était révélée à nos pères, je l'ignore. Nous ne la discutions jamais, et nos délices étaient de l'invoquer dans des chants dont la douceur se répandait en ondulations sonores dans le silence des forêts.

Nous avions des lois naturelles qui

étaient gravées dès l'enfance dans le cœur de chacun de nous. L'amour en était la base. Aimer Dieu, nos semblables et notre famille, c'était là le triple but de la vie, et rien ne venait nous en distraire. Nous étions anges, et, certains de nous réunir à Dieu, quelque transformation qu'il lui plût de nous imposer, nous regardions la mort comme un bienfait. Il n'y avait point de larmes amères autour de nos bûchers, et nous nous aidions les uns les autres à envisager le sort des êtres chéris qui nous quittaient comme préférable au nôtre.

Mais une grande catastrophe vint, plusieurs centaines de siècles avant ma naissance, changer brusquement la destinée des dives. Des horribles profondeurs qui s'étaient ouvertes sur plusieurs points, sortes de gerçures produites par le dessèchement de la croûte terrestre, montèrent de nouvelles chaînes de montagnes qui, après avoir comblé ces abîmes, portèrent, jusqu'au sein des nuées qu'elles refoulaient, leurs dômes arrondis, aujourd'hui cristallisés en dents aiguës couvertes de neige. C'est alors que l'aspect de la terre changea, et que la surface entière des contrées que nous habitons nous devint inhospitalière. Une grande partie des dives avait disparu dans ces cataclysmes, et nos belles forêts étaient déjà enfouies sous les bancs pressés d'une boue noire où elles s'étaient comme pétrifiées.

Nous quittâmes ces lieux dévastés pour

occuper les plages nouvelles que la mer, déplacée par ces formidables oscillations du sol, nous abandonnait. Là nous attendaient l'éclat du jour, l'âpreté des roches, la froide sécheresse du sable, et les bises qui refoulent la respiration, et les brumes glacées qui paralysent le sang, et l'impuissant rayonnement des astres qui ne suffisait plus aux besoins de notre organisation. Formés sous d'autres influences, nous ne pouvions pas tous nous modifier assez vite pour appartenir à ces climats nouveaux. Les hommes *nés du chêne* devaient disparaître et ils disparurent, lentement d'abord, et puis dans une proportion de plus en plus rapide. Nos grands palmiers étaient devenus stériles, nos mères devinrent stériles aussi : ceux de nous qui naissaient n'avaient plus assez de force pour grandir, et ceux qui avaient déjà grandi ne pouvaient plus vieillir. Les animaux qui ne se reproduisent que sous l'action d'une forte chaleur, avaient fui vers des régions plus propices, où notre accablement ne nous permettait pas de les suivre. Si quelques-uns d'entre nous l'ont tenté et s'ils ont pu y réussir, c'est ce que nous n'avons point su. Notre volonté était morte. Disséminés dans les contrées où le sort nous rejetait, nous nous séparâmes les uns des autres sans adieux, parce que nous étions sans espoir de nous rencontrer ici-bas. Engourdies et résignées, chaque jour d'hiver des familles s'étendaient sur la neige pour ne plus se relever.

Une seule peuplade, du moins cette peuplade croyait être la seule, s'éloigna de la terre natale et vint se réfugier dans le voisinage des volcans qui bordaient ce rivage. Ces montagnes qui vomissaient le feu étaient plus terribles que les frimas, et c'est ce qui nous les fit préférer. De leurs flancs entrouverts s'échappaient ces chaudes exhalaisons qui nous faisaient sentir encore la vie, et, sur leurs étangs de bitume, planaient ces lueurs pâles qui jadis rayonnaient sur toute la terre. Ces vapeurs étaient pourtant devenues délétères; il semblait que les entrailles du monde se fussent corrompues; mais, insouciant du danger, supérieur à la crainte de mourir, le dive s'asseyait sur les bords fragiles des cratères, et dédaigneux des avertissements de la nature, il écoutait ces grandes voix qui rugissent au sein des abîmes, et qui chantaient pour lui les redoutables mystères de la vie et les sombres délices de la mort.

Mourir ainsi dans la plénitude de la vie et dans la possession entière de son âme lui semblait plus noble et plus doux que de s'atténuer, spectre errant et plaintif, sur le désert du froid ; mais ces volcans eux-mêmes se refroidirent, et ceux de nous qui n'avaient pas été surpris et dévorés par leurs éruptions, virent se rétrécir chaque jour l'espace favorable à l'épanouissement de leur vie.

Le dernier foyer qui s'éteignit est celui où nous voici enfermés par un dernier écroulement du roc. C'est là que mon père et ma mère, mes frères, mes sœurs et celui qui fut mon époux me virent naître. C'est eux qui achevèrent de creuser dans la roche déjà creuse la grotte que nous habitons. Je t'ai appris, mon fils, l'usage de ce métal qu'autrefois nous savions extraire et façonner, et au moyen duquel mes pères purent dompter la nature lorsqu'elle commença à leur devenir rebelle. Mais ils ne poussèrent pas loin leurs industries. La dispersion de leur race leur rendit précieux ces instruments qu'ils s'étaient donnés, en même temps que la convention des caractères tracés avec ce fer sur les rochers. C'était le seul moyen de se retrouver, ou tout au moins de faire connaître son sort à ceux dont on se séparait pour les migrations lointaines. On s'était avisé aussi de façonner des vases, des vêtements, et même des armes pour se défendre des animaux furieux que la faim chassait de leurs pâturages envahis par le froid. Les hommes auront peut-être besoin un jour de recourir à ces inventions, si la terre cesse de leur être clémente. C'est pourquoi je te les ai transmis. Peut-être les dédaigneront-ils : peut-être aussi, habiles et actifs comme ils me paraissent être, porteront-ils plus loin que nous leurs découvertes. Les nôtres, sans cesse interrompues par de funestes événements, cessèrent tout à fait quand la race expirante cessa de pouvoir vivre en sociétés sur la terre.

Comme la plupart des dives de ces derniers temps, je naquis à demi-aveugle. L'éclat du soleil était trop vif pour nos yeux, et, comme certains animaux, nous ne distinguions les objets que dans le crépuscule. Cependant nous nous efforcions d'acquérir et nous acquérions en effet la faculté de supporter la lumière vive, comme celle de respirer l'atmosphère nouvelle et de subir toutes les autres conditions de la nature modifiée en vue de l'existence des êtres nouveaux. La nôtre ne s'y pliait que pour se briser, et chacune de nos conquêtes nous était fatale, chacune de nos modifications nous coûtait une notable portion de notre vie.

On s'était facilement habitué à l'idée de vivre peu ici-bas. La croyance s'était élevée jusqu'à l'espérance de revivre dans les astres, dont la notion longtemps incertaine était enfin devenue évidente. Mes parents se souvenaient du temps où leurs aïeux racontaient les transports de surprise et de joie qui s'emparèrent des dives, lorsque les brumes terrestres, se séparant sous l'action des vents impétueux, leur permirent d'entrevoir un coin de l'azur céleste et les premières constellations. Depuis longtemps nos sages annonçaient l'apparition de cette merveille ; on l'attendait avec impatience ; on bénissait les orages qui balayaient le firmament, et pourtant ces vents terribles apportaient la mort ! Mais qu'importait la mort à ceux qui voyaient étinceler dans l'éther les demeures splendides de leur immense domaine !

Quand j'eus atteint l'âge qu'a aujourd'hui Leucippe, ma vue s'était fortifiée ; et moi aussi, je voyais les astres et toutes les beautés de la terre, enflammées des brillantes couleurs dont le soleil sait les revêtir. Elevée dans les plus pures notions de l'immortalité, je voyais ma famille s'éteindre rapidement, en même temps que celle des hommes commençait à naître. En suivant cette grève aujourd'hui couverte par les flots, nous pouvions approcher des prairies où, dans un air encore plus frais que celui-ci, quelques-uns de ces êtres délicats et vifs paraissaient s'essayer à la vie. Nous remarquions qu'ils avaient déjà le don de la parole ; et d'ailleurs leur ressemblance avec nous était si frappante, que nous étions tentés de les croire issus d'une portion émigrée et modifiée de notre race. Mais, à la frayeur que nous leur inspirions et à leur absence de culte, nous crûmes devoir penser qu'ils constituaient un type nouveau de la *Divité*. Nos sages avaient prédit que ce type apparaîtrait ici-bas pour nous remplacer, et qu'après avoir fait son temps, il serait remplacé à son tour par un type modifié en raison d'une nouvelle période de la création terrestre.

Comme ils redoutaient notre approche et abandonnaient leurs établissements naissants pour fuir vers des régions moins propices, nous nous fîmes un devoir de nous renfermer dans celles que nous avions choisies, et, séparés de nous par ces monts qu'ils ne savaient pas plus que nous gravir, repoussés par les flots qu'ils craignaient presque autant que notre présence, ils purent reprendre possession des contrées qui nous avoisinent.

Je ne puis me rappeler sans émotion les jours de mon enfance et les efforts de mes parents pour m'initier à toutes les connaissances si chèrement achetées par nos pères. Ah ! sans doute, c'était une grande race que la nôtre, et les jours de sa décadence physique furent glorieux pour son existence morale et intellectuelle. Il y avait quelque chose de sublime dans ce tranquille abandon de la vie, pressenti, accepté d'avance, et accompli avec le calme solennel d'une fonction religieuse. Hélas! après avoir bu la science et la foi dans cette coupe céleste, devais-je donc connaître les regrets du cœur et les défaillances de l'âme?

Il en fut ainsi pourtant ; je devais déchoir du rang auquel l'initiation m'avait élevée. Prêtresse du désert, je devais perdre la foi, tomber dans le désespoir et connaître le mal jusque-là inconnu dans les âmes émanées de Dieu.

LA MÈRE.

VI

La Mère.

La dive continua :

« Oui, mes enfants, le mal existe. Vous savez que, dans l'ordre des choses matérielles, le langage qualifie de ce mot terrible les souffrances physiques de l'être;

mais vous ignorez que l'âme reçoit des blessures, traverse des fatigues et succombe à des maladies, aussi bien que le corps. Jusqu'à ce jour, je vous ai laissé ignorer que l'esprit pouvait être atteint par les accidents extérieurs qui menacent l'organisation. Je ne voulais pas vous faire perdre les délices de l'ignorance; mais mon devoir est de vous donner la science complète et de vous avertir de la lutte où vous allez entrer fatalement.

» Tant que ce monde fut plongé dans

des ténèbres qui l'isolaient pour ainsi dire du reste de l'univers, Dieu voulut qu'il fût éclairé, esprit et matière, d'une clarté puisée en lui-même. Aujourd'hui que l'infini s'est dévoilé aux regards du corps et à ceux de l'âme, les êtres doivent entrer dans la liberté de l'âme et du corps. La terre est livrée tout entière à ses nouveaux habitants. Elle s'est dégagée des dernières influences du chaos primitif, elle s'ouvre devant les pas humains. Les forêts s'éclaircissent, les plantes diminuent de vigueur, les animaux tendent à subir une autre domination que celle des éléments.

Tout s'apprête à être possédé et modifié par l'homme. Tout, ici-bas, semble devoir être un instrument de sa vie, et rien de plus. Voici donc l'homme appelé à s'affranchir de Dieu même, dans l'apparence des choses, et là où commence la possibilité d'améliorer l'œuvre divine, commence aussi la possibilité de la détériorer. Tout ce qui sera détérioration de l'œuvre de la Providence sera donc le mal pour l'âme comme pour le corps, et tout ce qui sera développement sera le bien pour l'un et pour l'autre.

» Tu m'as dit, ô Evenor, que, chez vous autres, on connaissait déjà la différence du mal au bien, et que l'on instruisait les enfants dans le respect et l'amitié les uns des autres, pour les empêcher de se nuire mutuellement, ce qui serait le préjudice de la famille et le mal chez la race humaine. Cette notion est grande et vraie. Dans notre race angélique, elle était ignorée parce qu'elle était inutile. Nous étions sans travail et sans passions. Mais si nous eussions été investis d'une puissance complète ici-bas et d'une possession plus durable des choses de ce monde, nous eussions passé à votre état d'activité, de liberté et de moralité. Il n'en fut point ainsi. Destinés à disparaître, nous fûmes à la fois supérieurs à vous par la douceur naturelle, inférieurs par l'inaction relative. Mais moi, qui devais passer par une destinée particulière, unique peut-être dans cet âge de transition, j'ai dû connaître la liberté : le mal et le bien par conséquent.

» J'arrive, ô mes chers enfants, au récit de mes jours néfastes. Malgré les influences salutaires de leur dernière habitation près des exhalaisons volcaniques, les dives luttaient en vain contre l'alternative des saisons et contre celle des nuits et des jours. Accablés et languissants, ils ne désiraient pas se survivre les uns aux autres ; mais la croyance leur enjoignant d'attendre leur fin sans la hâter, ils se préservaient, autant qu'il leur était donné de le faire, des causes de la destruction. Mes frères et mes sœurs essayèrent encore de pâles hyménées qui ne furent point bénis ; ils s'endormirent dans le Seigneur sans laisser de postérité. Mon père et ma mère se sentant près de les suivre, joignirent la main d'Aria à la mienne. Nous étions leurs derniers enfants.

— Soyez époux, nous dirent-ils ; voici peut-être le dernier hyménée que les dives consacreront sur la terre. Si telle est la volonté de Dieu, mourez en vous aimant. Si, au contraire, vous êtes destinés à faire revivre une nouvelle famille, c'est que Dieu veut que la terre soit occupée encore par nos descendants, et que la race humaine soit une production éphémère comme tant d'autres qui n'ont peut-être fait que naître et mourir avant nous. Quoi qu'il en soit, vivez en paix avec les hommes, et s'ils viennent à vous, donnez-leur la lumière divine qu'ils ne paraissent point avoir au même degré que la lumière terrestre.

» Quand mon premier né vit le jour, nous étions seuls au monde, mon époux et moi. Nous avions enseveli les restes de nos parents dans ce gouffre qui gronde près de nous et où disparaissent les eaux bouillonnantes de la solfatare. Je ne vous dirai rien des formules de notre culte. Tout culte est fondé sur les origines qui doivent être celles de la race qui le pratique. Chaque race doit donc créer le sien en raison de la révélation qui lui est inspirée. Elevé dans le respect de nos coutumes, Aria n'avait point pleuré nos parents; mais moi, chérie particulièrement de ma mère, je n'avais pu retenir mes larmes. J'avais senti, dès cet instant, que ma nature était modifiée, et que les affections terrestres avaient plus d'empire sur moi que sur mes semblables.

» Cette tendresse des entrailles se réveilla plus vive quand je fus mère pour la première fois, et à la seconde, voyant naître de moi une fille, je m'écriai, en embrassant mon époux : Voici la race des dives renouvelée. Nous avons pu vivre et donner la vie. Un couple béni nous survivra, destiné sans doute à repeupler le monde. Voici donc, non pas les derniers du passé, mais les premiers de l'avenir. Leur vie est plus précieuse qu'aucune autre, et nous devons tout faire pour la préserver.

» La vie n'est pas seulement ici, me répondait mon pieux compagnon ; elle est partout, et plus douce ailleurs pour ceux qui souffrent dans ce monde avec patience. Bénie soit l'arrivée de ces enfants dont nous ne serons jamais séparés, si nous leur enseignons la loi de l'amour divin.

» Aria parlait dignement; mais moi, ivre d'orgueil, et en même temps accablée par ma faiblesse, je voulais le détourner du devoir d'initier nos enfants à cette sublime et terrible croyance qui, depuis longtemps portée jusqu'à l'enthousiasme chez les dives, leur inspirait le mépris de la vie et l'amour de la mort. Vois les enfants des hommes, lui disais-je, ils redoutent le mal, ils fuient le danger, ils ne savent rien de l'autre vie, ils ne connaissent pas Dieu. Et cependant Dieu les bénit et les protége; ils vivent, ils sont joyeux, bruyants, pleins d'énergie. Leur vie semble une fête dont ils ne prévoient pas la fin. Si nous initions nos enfants, ils ne voudront plus, ils ne sauront pas vivre.

» Aria repoussait les suggestions de ma lâcheté, et moi, je lui reprochais avec amertume de ne pas aimer ses enfants pour eux-mêmes. Je l'accusais de fanatisme, et notre amour était troublé par une secrète préférence de mon cœur pour les enfants que le ciel m'avait donnés et que je ne voulais pas lui rendre. Aria s'en aperçut et me dit un jour : Je sens s'éteindre en moi le flambeau de la vie. Ton amour seul me soutenait encore ; mais depuis qu'il s'est refroidi, la volonté de vivre m'abandonne rapidement. O Téleïa, chasse ce vain désir de disputer la terre aux enfants des hommes. Ne vois-tu pas que les nôtres sont déjà frappés de l'esprit de langueur qui a dévoré tous ceux de notre race, et que notre seul rêve de bonheur doit être de nous réunir tous bientôt dans un autre asile, au sein du clément univers!

Je ne pouvais accepter cet ardent désir.

Je ne sais quelle fibre humaine s'était développée en moi ; je me jetais aux pieds de mon époux, le suppliant de vivre et de laisser vivre nos enfants. Oublie le ciel, lui disais-je. Où puises-tu cette foi robuste? Et si elle était une illusion! Laisse du moins nos enfants l'ignorer. Ne vois-tu pas qu'ils sont trop jeunes pour la comprendre, et qu'entre l'attente sereine de cette vie future et la soif insensée de s'en emparer, il y a une sagesse que l'âge mûr peut seul acquérir? Toi-même, ô mon cher Aria, tu n'as plus la patience d'attendre, je le vois bien. Tu me reproches de ne plus t'aimer, et c'est toi, cruel, qui dédaignes ma tendresse et qui parles de plier cette vie comme une tente et d'aller chercher sans moi les rivages de l'inconnu !

» Aria hésitait alors entre mon amour et sa conscience; mais je voyais trop que la foi triomphait de l'amour. Il avouait que la solitude le détruisait. Tant que nous avions eu une famille, il s'était imaginé que nous avions encore une nation et une patrie, et il disait une chose vraie :

L'amour de deux êtres seuls au sein de l'univers n'est plus l'amour. L'amour ne peut pas être un égoïsme, ce doit être une dilatation, un éclat rayonnant de l'âme, et tous les saints amours sont les aliments nécessaires de ce foyer puissant. Enlevez au dive, fils du ciel, la famille, le culte et le temple, son amour restreint à la contemplation d'un seul être semblable à lui dévore et consume cet être et lui-même.

» — Et nos enfants, m'écriais-je; nos enfants ne sont-ils rien? Ne remplacent-ils pas tout ce que nous avons perdu? Pour moi, ils sont le pays, la race, la famille, le monde. — Aria souriait tristement; il croyait que nos enfants n'étaient pas destinés à vivre. Hélas! il voyait dans l'avenir. Mais sa prescience m'irritait, et quelquefois exaspérée, je hâtais sa fin par de véhéments reproches. Lui, angélique essence, me pardonnait mon délire et semblait me remercier de la douleur dont je l'avais abreuvé. Il mourut en me montrant le ciel, et les dernières paroles de sa voix éteinte furent celles-ci : Crois, afin de me rejoindre!

» Je m'efforçai faiblement de lui obéir. Le mal était entré dans mon âme, et mon courage épuisé se refusait désormais à la loi divine. Je ne me souvenais plus que j'étais une dive, c'est-à-dire une idée fatiguée envoyée dans un astre réparateur pour y attendre des destinées peut-être moins douces, mais plus hautes. Je ne sentais plus en moi qu'un esprit inquiet et des entrailles dévorées d'amour pour ces deux êtres dont je chérissais l'apparence terrestre et l'image passagère plus que l'âme céleste et l'indestructible essence. Plutôt que de les rendre au ciel jaloux qui me les réclamait, j'aurais sacrifié leur immortalité et la mienne. Insensée, je m'attachais à eux d'un amour bestial et farouche, et, transgressant la loi de mes pères, je ne leur enseignais rien des mystères de la vie éternelle. Je m'étais promis d'abord de ne pas les entretenir du regret des choses passées, et j'allais au-delà de ma propre résolution en ne leur insufflant aucun espoir des choses futures. Les dives se sont trop abandonnés au destin, me disais-je. Essences trop pures, ils ne tenaient point assez à leur manifestation dans cette phase du voyage à travers l'infini, et quand la terre s'est dérobée sous leurs pieds, ils se sont envolés comme des oiseaux qui savent leur route à travers les orages. Mais ces orages ne sont-ils pas terribles, et le but est-il assuré? Qui sait si Dieu se soucie de nous conserver la mémoire, et si, dans une autre forêt du ciel, mes enfants bien-aimés reconnaîtront les bras qui les portent et le sein qui les réchauffe maintenant?

» Ainsi je blasphémais dans ma solitude, nul conseil ne me soutenant plus, nulle tendresse ne veillant plus sur moi. Et, jalouse des bêtes sauvages qui élevaient leurs petits sans autre trouble que celui de les conserver, je m'efforçais de les imiter en n'apprenant à mes enfants qu'une vaine lutte contre la mort. Quelquefois, me glissant sous les épais buissons qui entourent vos vergers, je contemplais avidement les soins que les filles des hommes prodiguaient à leurs enfants. J'admirais l'industrie des hommes, leurs cabanes habilement construites, et les mille prévoyances qu'ils savent apporter dans la conservation de leurs jours rapides. J'écoutais leurs paroles et j'en devinais le sens à l'expression de leurs visages si mobiles et de leurs mouvements si déterminés. Je voyais chez eux un amour plus ardent et plus opiniâtre que celui dont j'avais été l'objet dans ma famille ; moins de discours, moins de méditations, un travail assidu, une volonté soutenue, aucune préoccupation de la vie en Dieu, une sorte d'identification avec la nature. Et je revenais vers mes enfants en songeant : Ces hommes, nés du rocher aride, sont supérieurs aux dives, issus du chêne luxuriant. Ils adhèrent de toute leur puissance à cet héritage terrestre, tandis que nous avons élevé follement nos branches vers le ciel qui les a brisées sans pitié. Et j'essayais de bâtir une cabane pour mes enfants; je leur choisissais les aliments que préféraient les hommes. Aux glands amers et aux baies acides des bois, je substituais les figues et le miel que je rapportais de vos prairies. J'exposais ces pauvres créatures, élancées et faibles, aux rayons du soleil, espérant qu'il les adopterait pour ses fils et leur communiquerait les effluves de sa vie. Car, faut-il vous l'avouer, ô mes enfants! j'étais tombée au-dessous de moi-même, et craignant le Dieu implacable des intelligences, je portais mon adoration vers ses œuvres secondaires. J'adorais le feu comme l'âme du monde, et je n'adressais plus d'hommages et de supplications qu'à l'astre du jour et aux flammes des volcans.

« Et malgré tous mes soins, tous mes efforts, tous mes travaux, mes enfants dépérissaient sous mes yeux! Mes tentatives pour les assimiler à la race humaine ne servaient qu'à précipiter leur destinée. Si, trompée par l'aspect que prennent durant la nuit les flots de la mer, et me flattant de les baigner dans une onde embrasée, je les portais au rivage, je ne trouvais là que de froides ondes et le vent qui sèche la sueur sur le front. Si, me fiant à la vertu des choses que l'homme utilise, j'essayais d'étancher la soif de mon fils avec le suc de la vigne, ou celle de ma fille avec le lait des chèvres et des brebis, je voyais cette soif devenir plus ardente, et chaque jour rapprocher celui que l'arrêt irrévocable avait marqué pour l'extinction de ma race infortunée.

» Quand je sentis, au feu de la fièvre qui les rongeait, succéder le froid de la mort prochaine, j'imaginai de réchauffer l'atmosphère ou de l'assouplir par la fumée, en mettant le feu à la forêt qui couronne la première enceinte de ce cratère.

J'avais vu mes parents essayer de ce dernier moyen, à l'exemple de leurs pères, pour prolonger de quelques jours, non pas leur existence physique dont ils avaient fait le sacrifice, mais la lucidité de leur esprit aux approches de la mort. Moi, j'aurais embrasé la terre entière pour conserver mes enfants quelques jours de plus. La forêt résista à mes efforts. La séve printanière, pleurant de toutes les branches, avait humecté les feuilles sèches étendues au pied des arbres, et les oiseaux, occupés à construire leurs nids, enlevaient ou dispersaient les mousses et les broussailles que j'y avais amoncelées. Enfin, après mille essais et mille fatigues, je vis monter la flamme sur quelques points, et, amenant mes enfants au centre de l'incendie, assez loin pour n'en rien craindre, je les vis, pâles et languissants, sourire à l'aspect des lueurs rougeâtres et au pétillement des arbres résineux. Mais le vent qui promettait de propager le feu tomba tout à coup, et une pluie abondante détruisit ma dernière espérance. Alors mon fils, se traînant jusqu'à moi :

« — C'est assez lutter contre les lois de la nature, me dit-il. Mère, parle-nous du ciel qui nous réclame et dont la vision m'apparaît.

» — Le ciel! m'écriai-je, le ciel nous abandonne et nous repousse; la terre nous rejette et nous maudit....

» — Non, dit l'enfant sublime en couvrant ma bouche de sa main défaillante, non, mère! rappelle-toi que nous sommes des dives ; le ciel nous redemande et la terre nous délivre. Je vais t'attendre où j'ai mérité de te retrouver, car je n'ai jamais perdu la vue de l'infini dont mon père m'entretenait avant de mourir, et dont mon âme était le sanctuaire. » En parlant ainsi, mon fils bien-aimé s'arracha de mon sein, se prosterna... et ne se releva plus.

» J'étais égarée ; je ne pleurai point, je me pris à maudire le fils ingrat qui m'abandonnait. J'accablai de reproches l'ange qui ne m'entendait plus, et mon cher Aria qui l'avait initié aux mystères du ciel. — Va-t-en donc, lui disais-je, toi qui n'aimes point ta mère : que m'importe ? Ta sœur me reste. Celle-là n'est point une dive initiée ; elle deviendra semblable aux filles des hommes. Elle n'aura pas l'orgueil de s'élever à Dieu. Elle vivra pour sa mère, parce qu'elle sait bien que sa mère ne peut pas rester seule dans l'univers. Dis, ô ma fille, ô mon seul bien, mon unique amour, tu vivras de mon souffle, tu ne pleureras pas ton frère, tu ne songeras point à Dieu... Tu n'aimeras et ne connaîtras que moi...

» L'enfant ne me comprenait pas; elle me rendait faiblement mes baisers et souriait d'une façon étrange. J'appelai cent fois mon fils; je ne pouvais pas me persuader qu'il fût mort; je voulais qu'il se relevât pour me suivre dans la grotte. Je le soulevai avec une sorte de colère, et, comme j'étais embarrassée de ma fille qui, depuis quelques jours, n'avait plus la force de marcher, je le lâchai un instant pour la poser près de moi. En ce moment, je le vis retomber inerte et lourd sur la terre retentissante. Oh! je vivrais mille ans, que j'entendrais toujours le bruit de ce corps sur les graviers! Alors, je poussai des cris horribles et j'emportai ma fille dans une course impétueuse. Je fuyais je ne sais quels fantômes qui me semblaient la poursuivre et vouloir me l'arracher. Enfin, je la déposai dans la caverne, et, songeant que ma démence avait dû l'effrayer, je me mis à genoux auprès d'elle comme pour lui demander grâce. Mais elle, d'une voix douce et tranquille, -- Voici mon frère qui vient me chercher, dit-elle.

» Je me retournai pleine d'une joie délirante, n'ayant plus conscience d'aucune chose réelle et croyant qu'en effet mon fils avait pu s'arracher des bras de la mort. Mais hélas ! c'était une vision de sa sœur, une de ces visions qu'à l'heure de leur mort bénie les dives ont toujours reçue du ciel. — Adieu, mère, me dit l'enfant; mon frère m'appelle dans la belle forêt du ciel, toute remplie de mousse et de lierre... — Ne va pas dans cette forêt, m'écriai-je; reste, reste avec moi... Ma fille ne m'entendait plus : elle était morte aussi, j'étais seule sur la terre !

» Je ne sais rien des jours qui suivirent. Je donnai la sépulture à mes enfants sans savoir ce que je faisais. Ensuite... je ne me souviens que vaguement de mon mal. Je me calmai, car je crus que j'allais mourir aussi, et dans cette attente, je sentis renaître mon âme. Je me rappelai mon égarement et mes blasphèmes. Je me repentis, et, m'anéantissant devant Dieu, je lui offris, en expiation, le déchirement de mes entrailles et l'horreur de ma solitude.

» J'attendais, résignée, le moment qui devait me réunir à mes enfants, et je combattais mon impatience, sentant que chaque jour qui retardait notre réunion était un châtiment de ma révolte. Mais je n'avais pas mérité de mourir si vite, et je sentis avec effroi mes forces renaître et mon organisation se plier, jusqu'à un certain point, aux conditions de la vie du rocher. Mon épouvante fut horrible. Serais-je donc punie et maudite à ce point, me disais-je, que l'immortalité sur la terre m'eût été imposée? Eh quoi, je survivrais à jamais à ma race, et je ne reverrais plus ni mes enfants, ni mon époux, ni aucun des êtres que j'ai aimés !

» Je retombai dans le désespoir, et

j'eus la pensée de mettre fin à ma propre vie. Mais, après bien des jours et bien des nuits d'une lutte effroyable, je me soumis de nouveau, et je lavai ma faute dans mes larmes. »

LE DEVOIR.

VIII

Le Devoir.

La dive oppressée garda le silence. Leucippe pleurait, dominée par une incommensurable pitié. Evenor était profondément ému aussi. Ni l'un ni l'autre n'osait troubler le recueillement de Téleïa.

Elle fit un effort pour reprendre le cours de ses idées ; mais comme elle leur annonçait que c'était d'eux-mêmes qu'elle allait leur parler :

— Attends, lui dit Evenor ; j'ai cru que tu avais encore quelque chose à nous dire de toi. Si c'est à nous que tu songes dans ta douleur, laisse-nous te dire que nous la respectons et la plaignons, et que ce désespoir, ces souffrances, ces amours, ces faiblesses du cœur, en un mot ce mal dont tu t'accuses devant nous, te rend pour nous mille fois plus chère et plus sacrée.

— Oh oui ! s'écria Leucippe, embrassant les genoux de la dive : voilà ce que moi aussi je veux te dire, mère adorée, seule mère que je connaisse et que je veuille connaître! Loin d'être indignée des pleurs que tu as versés, je t'aime et te comprends mieux que je n'ai jamais fait.

O mes enfants, répondit Téleïa en les pressant tous deux contre son cœur, est-ce vous qui me parlez ainsi ? Vous qui, sous la forme de dives, m'avez quittée pour retourner à Dieu, et qui êtes revenus me consoler sous la forme humaine ? Ah ! racontez-moi, maintenant que vous savez qui vous êtes, ce qui s'est passé en vous durant les jours de notre séparation ! Dans quelles contrées de délices vous avez voyagé ; quelle maternelles amours ont veillé sur vous, et quelles célestes joies vous avez goûtées jusqu'au moment où vous avez obtenu de Dieu la permission de revenir dans ce triste monde absoudre et consoler votre mère !

— Nous ignorons ce que tu nous demandes, répondit Evenor. Ce que tu nous as enseigné de la bonté, de la toute-puissance et de la sagesse infinie de la Divinité, nous fait accepter comme possibles les douces espérances qui te soutiennent. Mais, que nous soyons des dives déchus ou des êtres nouveaux dans le monde des esprits, nous ne pouvons lire avec certitude dans les secrets de la providence des esprits. Nous connaissons mieux celle qui protége les substances; car, tu l'as dit, nous sommes une famille liée au monde terrestre, et nos affections y sont vives en raison du peu de durée de notre existence. C'est pourquoi nous comprenons mieux tes pleurs que la sérénité de tes pères, et ton cœur brisé que le cœur invulnérable de ton époux. Tu nous sembles plus grande, toi qui as souffert, que tous ces dives étrangers à la souffrance ; et, s'il nous faut souffrir un jour, le souvenir de tes luttes cruelles nous sera un meilleur enseignement que celui de l'impassible courage de ta race. L'esprit de l'homme est peut-être à jamais ouvert au doute en face de l'inconnu, mais sans doute son cœur sera éternellement accessible à la tendresse, et c'est par là, du moins, que je sens ma pensée capable de s'élever avec la tienne de la créature au créateur, de l'amour terrestre à l'amour divin.

— Pour moi, dit Leucippe, je sens aussi quelquefois, non pas le doute, mais comme un oubli du ciel et une indifférence de l'avenir qui me font comprendre combien j'appartiens à la terre, c'est-à-dire à mon frère, à toi et à cette belle nature qui est comme l'asile de notre bonheur. Je ne sais pas si nous avons été des dives avant d'être des hommes. Je n'oserais pas dire non, car, depuis que tu nous entretiens de votre passage sur la terre, je me rappelle combien de fois j'ai rêvé des choses mystérieuses dont tes paroles me semblent une sorte d'explication. Oui, j'ai rêvé souvent que je quittais le rocher et que, me soutenant dans l'espace, je volais, non pas à la manière des oiseaux, mais plutôt à la manière des nuages, dans un air plus subtil, vers des rivages encore plus beaux que celui-ci. Mais ces doux songes devenaient peu à peu inquiets et pénibles, car je me souvenais toujours de vous deux, et je vous cherchais avec angoisse, vous apercevant, vous perdant, vous retrouvant pour vous perdre encore, et enfin, au moment où, par un élan de toute mon âme et de tout mon vol, j'abordais la plage du ciel d'où vous m'appeliez, je me réveillais sur la terre, plus heureuse encore de vous y retrouver près de moi et de ne vous avoir pas réellement quittés. Et toi, Evenor, dis, n'as-tu jamais rêvé ainsi?

— Dans mes premiers ans, répondit

Evenor, on me parlait de ceux qui ont eu la terre avant nous. Voilà tout ce qui, dans l'absence d'une parole sublime comme celle de notre mère Téleïa, ébranlait mon esprit et l'agitait dans le sommeil. Je me souviens que je me représentais ces premiers maîtres de notre séjour, tantôt comme des monstres, tantôt comme des anges. J'appelais monstres des êtres énormes, superbes, menaçants, que je m'efforçais de fuir, et que je n'osais pas bien regarder. J'appelais anges des êtres plus subtils, plus doux, dont l'éblouissante beauté était comme inappréciable à mes sens ; car je m'efforçais en vain de les atteindre et de les contempler à travers les vapeurs d'or et de feu qui me les dérobaient à chaque instant. Voilà toutes les images dont je peux rendre compte. Je sais qu'à mon réveil, j'étais bien certain de n'avoir jamais rencontré ces êtres sur la terre ; mais, dans le rêve, il me semblait les avoir connus, ou du moins pressentis de tout temps.

— Pour nous autres dives, reprit Téleïa,

les songes étaient des apparitions certaines ; nous les regardions comme des voyages de l'esprit dégagé de la matière vers les mondes de l'avenir et du passé. Nous pensions que l'âme pouvait emporter avec elle, dans ces régions d'où le corps est exclu, l'exercice des organes de la substance, par le moyen d'une sorte de mirage que l'on pourrait appeler le souvenir. Voilà pourquoi ces voyages intellectuels étaient courts, et les visions qu'ils présentaient étaient interrompues à chaque instant par la nécessité où était l'esprit de venir retremper sa lucidité aux organes du corps. De là ces lacunes dans le rêve, ces réveils violents causés par une lutte intérieure, ou ces anéantissements paisibles d'où le rêve repartait plus clair et plus beau.

» Mais dois-je vous enseigner ces choses comme articles de croyance? Votre nature s'y prête-t-elle, et cette faculté accordée à des créatures opprimées, comme nous l'étions, par une lourde atmosphère et de molles quiétudes physiques, ne serait-elle pas inutile à des êtres dégagés, comme vous l'êtes, du poids des orages et susceptibles d'un grand esprit d'investigation? Sans doute Dieu mesure la révélation de ses bienfaits aux besoins et aux forces de l'esprit des races, et il établit de magnifiques compensations dans la secourable jouissance des aptitudes diverses.

» Je dois donc, sans doute, mesurer mon enseignement à la puissance qui vous est donnée de l'accepter, et, sans vous décrire l'idéal de nos espérances, vous initier seulement à la notion générale de l'immortalité, sans laquelle l'homme serait l'esclave du néant. Evenor, tu as connu la mort parmi les hommes. Ils reconnaissent son empire, puisque déjà plusieurs d'entre eux l'ont subie sans savoir qu'elle n'était qu'une apparence et une transformation. Quand tu es entré ici, tu étais donc un être mortel, et à présent, tu as vaincu la mort, si tu acceptes la révélation que je te donne.

— Celle-là, nous l'acceptons tout entière, répondit le jeune homme, et, pour nous l'avoir donnée, tu es devenue notre mère véritable. C'est par là que tu peux dire en nous voyant : J'ai retrouvé les enfants de mon amour, et ceux que j'avais perdus sont remplacés.

— Oui, oui ! dit vivement Leucippe, et si nous sommes les mêmes esprits que ton amour redemande au ciel, pardonne-nous d'avoir la mémoire faible et de ne pouvoir te l'affirmer. Et si nous sommes d'autres esprits, aime-nous autant que tu aimais les enfants de ton hyménée, car, tu le vois bien, nous t'aimons mieux qu'ils n'ont su le faire ! Nous chérissons ce monde à cause de toi, et tant que tu y vivras, nous n'en désirerons pas d'autre. En te disant cela, nous ne nous croyons pas coupables, et nous ne craignons pas de déchoir. C'est Dieu qui a dû mettre dans nos seins ce respect de la vie, à cause du grand amour qu'il nous commande d'avoir pour nos compagnons dans la vie. »

En parlant ainsi, Leucippe caressait de

ses lèvres les mains débiles de la dive ; mais ses regards plongeaient à son insu dans les yeux ardents du fils des hommes. Téleïa vit la passion qui embrasait ces deux âmes. Elle la voyait, depuis longtemps, dans le redoublement de tendresse qu'ils lui exprimaient, et qui semblait être comme le trop plein de leurs cœurs déversé sur elle.

— Enfants, leur dit-elle, vous avez en vous une sagesse que je ne puis méconnaître, et, en même temps que je vous enseignais, je recevais de vous la lumière d'une révélation nouvelle. Je ne l'ai pas repoussée, et c'est sans doute pour cela que, seule parmi les dives, j'ai pu vivre jusqu'à ce jour. J'avais une mission à remplir et Dieu m'en a donné la force; mais elle touche peut-être à sa fin, c'est pourquoi je dois me hâter de vous dire tout ce que vous devez savoir de vous-mêmes.

— Parle, dit Evenor; apprends-nous

comment Leucippe est venue dans cette solitude. Je savais de toi-même qu'elle n'était pas née de toi. En la voyant seule au monde avec nous deux, je me suis imaginé souvent qu'elle était née du plus suave parfum des fleurs et du plus pur rayon du soleil.

Téleïa répondit : « Je croirais plutôt, si j'acceptais ton symbole, que Leucippe est née de l'écume des flots et de la brise maritime. Mais, quel que soit le mystère de la naissance des premiers hommes, Leucippe eut des parents, et son arrivée ici m'a révélé, dans la race humaine, une puissance sur les éléments dont les dives n'ont jamais eu l'idée. Le récit que je vais vous faire vous délie de ma domination maternelle, ô mes bien-aimés, car il vous ouvre la porte du monde des hommes que, jusqu'à ce jour, ma sollicitude maternelle a dû vous tenir fermée.

» Un matin que, plaintive et brisée,

mais résignée à l'épouvantable idée de l'immortalité sur la terre, j'errais le long de ce rivage, j'entendis, au milieu du clapotement des vagues et des cris des mouettes, le vagissement d'un petit enfant. Ce ne pouvait pas être la voix d'un enfant de ma race, les dives n'avaient ni larmes, ni plaintes dans leurs berceaux. C'était le timbre de la voix humaine que j'avais écouté souvent avec une inquiète avidité, lorsque j'errais, la nuit, autour de vos demeures fermées.

» L'aurore commençait à rougir le ciel,

et les vagues, encore émues après une nuit d'orage, se teignaient de pourpre. Les mouettes tournoyaient avec obstination sur une petite anse dont les roches me cachaient le fond. J'avais observé le naturel curieux de ces oiseaux de la mer. Ils se rassemblent en troupes et poussent des cris d'une douceur triste et pénétrante, quand un objet inusité flottant sur les eaux éveille leur attention craintive. Je me décidai à pénétrer dans la petite baie en marchant dans l'eau, et, au milieu d'un essaim de ces blancs oiseaux que mon approche éloignait à peine, je trouvai, sur les varecs du rivage, un objet étrange et d'abord inexplicable. C'était comme un grand lit, capable de contenir plusieurs hommes, formé de troncs d'arbres creusés et assujétis ensemble avec des branches si solidement entrelacées que l'eau n'y pouvait pénétrer à moins d'y tomber en lames soulevées par le vent. C'est ce qui était arrivé ; car, bien que ce lit flottant ne fût point brisé et qu'il continuât à surnager sur les dernières ondes, il était à moitié rempli d'eau, et une femme était là, livide, insensible, morte, servant de lit à un enfant à peine âgé de quelques mois, qui gémissait froid et mouillé, étendu sur son cadavre. Et pourtant, dans cette horrible détresse, cet enfant sourit en me voyant. Il étendit vers moi ses petites mains roses, et jamais regard plus caressant et plus pur ne trouva le chemin de mon cœur. A quelques pas, sur la grève, gisait le corps d'un homme, brisé par les rochers.

» Sans prendre le temps d'examiner ces malheureuses créatures privées de vie, et l'étrange ouvrage auquel elles avaient confié leur existence sur les abîmes de la mer, j'emportai l'enfant et lui fis boire le lait de la première chèvre que je rencontrai. Puis je le réchauffai dans la grotte, et, le confiant à la garde de mes chiens apprivoisés, je revins au rivage pour voir si d'autres hommes ne viendraient pas s'enquérir de leurs infortunés compagnons ; mais je n'en revis jamais un seul, et, de ces montagnes bleuâtres que vous apercevez à l'horizon et qui doivent être des terres semblables à celles-ci, aucun ne tenta sans doute plus vers nos rivages la

périlleuse traversée à laquelle je devais
Leucippe. La mer me déroba les restes
de ses parents. Ils étaient déjà entraînés
au loin par un vent contraire quand je
revins les chercher, et la machine flottante s'éloignait aussi. Elle revint pourtant s'échouer de nouveau ici près, le
le lendemain, et j'y pus poser les pieds et
comprendre, comment, par un temps
calme, de simples mortels avaient osé
faire ainsi un long trajet sur les eaux. J'y
trouvai des débris de vases qui avaient pu
servir à transporter de l'eau douce, vases
grossiers qui semblaient être faits de terre

durcie au feu, et des outils formés d'une pierre tranchante enchâssée dans du bois, comme les haches et les couteaux de métal dont se servaient les dives. Ce sont les rudes instruments de travail que je conserve dans ma grotte comme le seul indice qui puisse faire retrouver à Leucippe la trace de son peuple, si jamais son peuple envoie à sa recherche ou si elle-même.... Ô Dieu! aidez-moi à supporter cette pensée! se confie à la perfide mer qui l'a apportée ici.

« — Jamais! s'écria Leucippe épouvantée, en regardant la mer qui était devenue houleuse et mugissante. Je me souviens du temps où, sur toute cette côte, les flots venaient mourir doucement. Mais, depuis qu'il ont envahi nos rochers, et que la vague furieuse s'y engouffre... oh ! jamais, jure-le moi, Evenor, jamais tu n'essaieras de franchir sur des arbres flottants l'espace qui conduit à d'autres rivages ! »

Chaque premier mouvement de Leucippe trahissait son unique sollicitude,

Elle qui n'avait jamais connu la crainte pour elle-même et qui avait ri du premier effroi d'Evenor à la vue des vagues, elle tremblait maintenant à l'idée qu'il pouvait être tenté de construire une barque pour aller revoir sa famille.

Mais Evenor avait si résolument renoncé à tout ce qui n'était pas Leucippe, il avait si bien étouffé en lui le souvenir de sa famille, qu'il sourit des terreurs de sa bien-aimée et dit, s'adressant à la dive :

« Pourquoi Leucippe ferait-elle cette chose insensée de vouloir marcher sur la mer? Et comment peux-tu craindre que tes enfants aillent chercher un autre amour que le tien? »

Leucippe, rassurée et reconnaissante, jeta ses bras autour du cou de son frère; mais au moment de baiser ses cheveux avec la sauvage énergie d'une joie enfantine, elle s'arrêta tremblante, et, confuse d'elle-même, donna des lèvres à sa mère le baiser que, dans son cœur, elle donnait à Evenor.

— Hélas! hélas! dit Téleïa en lui rendant ses caresses, il faut que j'afflige ces cœurs si saintement unis. Ecoutez-moi, enfants, et si mes paroles sont vraies, il faudra bien qu'elles persuadent vos esprits.

« Je vois et je sais l'ardeur de vos affections, ô enfants des hommes, et je me suis assez assimilée à vous, moi qui suis une dive transformée, pour comprendre qu'au lieu de combattre en vous cette ardeur comme une faiblesse, je dois la développer comme une puissance. Oui, tout me le prouve, et tout en vous le proclame. L'amour terrestre est la vie en vous-mêmes, et ce sentiment que les dives angéliques refoulaient dans leur sein pour l'offrir entier à Dieu seul, il est chez vous la source même de l'amour divin. L'homme est ainsi fait, je le vois, que, pour s'élever à l'idée de l'infini, il lui faut d'abord passer par les flammes saintes de l'amour conjugal, foyer brûlant de toutes les affections terrestres.

» C'est donc pour raviver votre amour et non pour l'éteindre, que je vais vous effrayer peut-être, ô mes enfants bénis ! en vous montrant l'hyménée comme la pratique de la perfection ici-bas. Ah ! s'il est le bien suprême, combien ne faut-il pas être pur pour l'atteindre !

» Examinons donc ensemble la nature

et le but de ce sentiment sublime. Je l'ai porté et nourri sans défaillance dans mon sein, jusqu'au jour où ma tendresse exaltée pour mes enfants se sentit froissée par le calme stoïque de leur père. Je vis alors que nous étions dissemblables, lui et moi, et que la religion du devoir ne s'était pas identifiée, chez les dives, à la religion de l'amour tel qu'il doit être dans ces âges nouveaux. C'est par cette terrible découverte et par ces luttes amères de ma propre expérience que je suis devenue capable de vous comprendre et de vous instruire.

» Tout devoir, mes enfants, porte en lui-même sa récompense, et plus cette récompense est délicieuse, plus le devoir qu'elle implique est austère. Leucippe, l'amour est comme cette fleur de ciste que froissent tes doigts distraits tandis que tu m'écoutes. Cette charmante rose du désert est la plus délicate qui existe. Portée sur une tige solide, environnée de feuillages résistants, la plante se plaît aux ardeurs du soleil sur la roche brûlante. Sous les feux du jour, le bouton s'ouvre frais et riant, mais fragile. Un souffle d'air le dérange, le vol d'une mouche l'effeuille, le plus léger contact le macule ; et c'est en vain que tu as souvent essayé de placer ces fleurs dans ta chevelure. A peine cueillies, elles perdent leur couleur et leur forme. Telle est la foi dans l'amour. Un souffle l'altère, un doute la souille et la flétrit. Le cœur de la femme est un autel d'une exquise pureté, où ne doivent brûler que des parfums choisis. Tu vivras parmi les hommes, ô douce fleur du désert, et tu allumeras chez eux, je le prévois, des flammes dont ils n'ont pas encore senti les atteintes et qu'ils ne soupçonnent même pas. Ils vivent encore dans l'innocence tranquille, parce que leurs douces compagnes n'ayant été initiées à aucun idéal, ne sont pour eux que des femelles amies, de même qu'ils ne sont pour elles que des frères chargés de les rendre mères. Ils n'observent les lois de l'ordre dans la famille que parce que ces lois sont les plus faciles et les plus naturelles. A mesure que ces êtres purs, mais incomplets, se développeront dans la connaissance des choses de l'esprit, ils éprouveront le trouble des préférences, des jalousies et des passions; et peut-être alors tomberont-ils dans le désordre et dans le mal, si la force de leur désir n'est pas dirigée vers le vrai bonheur. Peut-être, hélas! confondront-ils la possession des sens avec celle de l'âme et réduiront-ils la femme en esclavage, croyant ainsi la posséder véritablement. Sache donc leur faire comprendre d'avance que l'hyménée qui n'engage pas l'âme n'est pas l'hyménée, et si ta parole inspirée les transporte dans de nouveaux rêves de délices, garde-toi de te glorifier dans le culte idolâtrique qu'ils voudraient te rendre. C'est Dieu, c'est l'amour que tu dois enseigner; mais tu n'auras plus de véritable inspiration si l'orgueil t'aveugle et si tu te complais dans l'adoration de toi-même. Alors, loin d'être une divinité bienfaisante, tu deviendrais un sujet de scandale et de perdition parmi les fils des hommes ; et ce don de la beauté divinisée par l'intelligence serait une malédiction pour ta race et pour toi-même.

» Prépare donc ton esprit à être invulnérable à la louange des hommes. La femme idéale que tu dois être n'aime que la louange de celui qu'elle aime. Elle renvoie à Dieu toutes les autres et ne sent épanouir sa fierté que sous le regard de son bien-aimé.

Oui, Evenor, les hommes tes frères voudront te disputer l'amour de Leucippe. Elle sera la première *Ève*, c'est-à-dire la première *science* qui méritera dans leurs souvenirs le nom de femme. Elle te sera fidèle, elle se préservera sans trouble et sans colère de tout ce qui ne sera pas ton amour. Mais il lui faut ton aide, car l'amour est une vertu à deux, et quand une des deux âmes le méconnaît et le brise, l'autre n'est plus que la moitié d'un ange.

Toi aussi, mon fils, tu seras le premier homme que l'on nommera vie et force, car tu as reçu l'initiation, et ta beauté, comme celle de Leucippe, a pris un éclat supérieur qui n'avait point encore brillé sur la face humaine. Toi aussi, seras parmi les femmes de ta race un fils du ciel, un messager de l'inconnu : mais si tes désirs s'émeuvent dans une vaine curiosité, dans les tentations de l'orgueil et de la convoitise sensuelle, tu manqueras ta mission, et, indigne de la foi de Leucippe, là où tu n'auras semé que le trouble, tu ne recueilleras que le doute.

LE DEVOIR.
(Suite.)

Le Devoir.
(*Suite.*)

« Prêtre révélateur de l'amour divin, traverse donc les agitations que tu vas susciter sans rien laisser perdre de la candeur de ton être. L'épouse que je te donne est la seule digne de toi ; c'est le seul esprit qui puisse converser avec le tien, la seule forme vivante ici-bas dont la beauté, éclairée d'en haut, ait une puissance réelle et une valeur particulière. Si tu la méconnaissais, ta propre beauté, ta propre valeur seraient aussitôt amoindries et souillées.

— O dive mélancolique ! ô âme méfiante ! que me dis-tu ? s'écria Evenor. Comment peux-tu croire que Leucippe ne soit pas à jamais mon unique souci, mon unique joie, mon unique gloire?

— Mon fils, reprit la dive, Leucippe ne sera pas toujours aussi splendidement belle que la voici devant tes yeux ravis, parce qu'elle ne sera pas toujours jeune. Quand elle aura été mère plusieurs fois, sa beauté sera plus parfaite dans son âme, mais elle sera comme voilée sur ses traits. Et peut-être alors, te reportant par la pensée au moment où nous sommes, tu diras en toi-même : Qu'a-t-elle donc fait des roses qui fleurissaient sur son visage? Que sont devenues sa taille de palmier et sa chevelure ondoyante, et pourquoi le sombre azur de ses yeux a-t-il perdu l'éclat des nuits constellées? Plus robuste que la femme, assujéti à de moindres épreuves, et destiné sans doute par la prévision divine à la protéger dans les labeurs de la maternité, tu dois rester plus longtemps jeune et agile. Garde-toi donc de te croire un être mieux doué qu'elle et de vouloir dominer sa faiblesse par l'autorité du fait. Leucippe est ton égale, et ce qu'elle a en

moins par la débilité de son être, elle l'a
en plus par la science des entrailles maternelles, plus parfaites chez la femme,
en vue des besoins de l'enfant dont elle est
la providence sacrée. Si les âmes de vos
enfants vous appartiennent au même titre, leurs corps sont plus immédiatement
confiés aux sublimes instincts de la mère.
Respecte donc en elle la gardienne et la
nourrice passionnée de ces êtres qui seront le plus pur tribut de ton sang et le
plus précieux trésor de ton esprit. Le jour
où tu dirais : « Cette femme et ces enfants
m'appartiennent, » sans ajouter : « J'ap-

partiens à ces enfants et à cette femme, » le lien céleste serait brisé, et, au lieu d'une famille, tu n'aurais plus que des esclaves, c'est-à-dire des êtres qui obéissent sans aimer et qui pratiquent sans croire.

« Voilà, mes enfants, vos devoirs réciproques. Une pensée constante doit les éclairer et les sanctifier, l'identification de vos deux âmes en une seule. Tout ce qui attribuerait à l'une plus de pouvoir et de liberté qu'à l'autre serait le blasphème et la mort. Dieu n'a pas créé deux races en une. Il n'a pas fait la femme pour l'homme plus que l'homme pour la femme. Il a créé un seul être en deux personnes qui se complètent l'une par l'autre, et dont la pensée divine, union qui saisit l'âme autant que les sens, est le lien indissoluble.

— Je voudrais te croire, dit Evenor; mais j'ai un effort à faire pour ne pas m'imaginer que Leucippe est plus divine que moi-même, et que mon devoir est de la servir et de l'adorer humblement.

— Pour moi, lui répondit Leucippe, je me persuadais la même chose à ton égard, et je sens tellement que je te préfère à moi-même, qu'il m'en coûtera de me croire ton égale.

— Ceci est l'enthousiasme de l'amour,

reprit la dive, et je vois bien que l'âme humaine est excessive dans la joie comme l'était la mienne dans les angoisses de l'amour maternel. Tous vos sentiments terrestres ont cette fièvre d'expansion que Dieu bénit sans doute et qu'il ne vous a donnée que comme un avant-goût des délices du ciel. Mais il vous a rendus capables aussi d'accepter les lois de la sagesse, car il sait que l'existence de toute créature mortelle doit être agitée et militante sur la terre. Gravez donc ma parole en vos cœurs; un jour, vous reconnaîtrez qu'elle n'était pas inutile.

— O ma mère chérie, dit timidement Leucippe, tu nous parles de nos rapports avec le reste des hommes, comme si nous devions retourner parmi eux. Nous ne pouvons le tenter qu'au péril de nos jours, et pourquoi donc penses-tu que nous puissions le désirer quand le bonheur et l'amour sont ici pour nous?

— Je ne vous ai encore rien dit, reprit Téleïa, de vos devoirs envers vos semblables ; mais vous avez dû pressentir qu'ils sont indissolublement liés à ceux que vous contractez l'un envers l'autre. Je vous ai dit que Dieu n'avait pas créé un homme et une femme constituant deux êtres parfaits, isolés l'un de l'autre, mais un seul être en deux personnes. Quel que soit le berceau du premier homme, qu'il ait été précieusement accaparé par un seul couple, ou magnifiquement rempli de plusieurs couples également précieux, la loi de reproduction et de multiplication imposée à l'espèce humaine règle par avance les rapports des hommes entre eux. C'est par elle que le couple humain n'est rien dans l'isolement, parce que ses vertus y sont nulles, ses exemples inféconds et sa postérité compromise. La vie solitaire est une vie anormale ; l'âme incomplète n'y peut donner qu'une vie incomplète : voilà pourquoi je m'imagine que beaucoup d'hommes et de femmes ont été appelés ensemble au bienfait de la vie dans ce monde, car, encore une fois, il n'est pas de bienfait sans obligation, et pas de puissance sans devoir. Vous ne seriez rien de plus que les animaux, s'il vous eût été permis de vous unir seulement en vue de la conservation de l'espèce physique. La vie morale vous ayant été accordée, vous ne pouviez la recevoir que dans les conditions où elle s'entretient, se développe et se transmet.

« Ce serait donc transgresser la loi qui préside à vos destinées, que de vous annihiler dans la possession d'un repos égoïste. Vous en perdriez vite la douceur, et le divin amour s'épuiserait pour vous comme une coupe vidée en deux matins. Pour sentir le prix durable du bonheur, il faut le mériter, et si le ciel se laisse entre-

voir à l'innocence, il ne se laisse posséder
que par la vertu. Un tel avenir mérite bien
qu'on expose sa vie, et vous risquerez la
vôtre pour retrouver vos frères. Vos lumières leur sont dues, et ne dites pas que
vous pouvez les leur refuser ; leur ignorance, qu'elle soit docile ou rétive à vos
enseignements, vous est nécessaire. C'est
pour vous le champ de l'activité, le but du
devoir, le prix de l'amour. Demain, au
jour levant, vous devez recevoir la consécration divine du travail. Armés de ces
outils précieux dont les dives ne connurent pas toutes les ressources, vous irez

dans la forêt, et après avoir prié, vous choisirez les arbres les plus sains pour la construction de votre cabane flottante. Evenor coupera, creusera les ais solides. Leucippe choisira et préparera les lianes flexibles. Quant à la construction de cette machine, le génie humain doit seul en prévoir et en combiner l'agencement hardi et prudent. La science des faits ne m'a pas été donnée et j'ai foi aux instincts qui caractérisent votre pouvoir sur la terre.

— Nous ferons ce que tu veux que nous

fassions, dit Evenor, car tu es notre lumière et nous n'avons pas le pouvoir de repousser la lumière après l'avoir comprise. Mais dis-nous donc si c'est pour un temps ou pour toujours que nous devons quitter cette terre bénie où il nous semblait devoir trouver le bonheur.

— Assure-toi d'abord la conquête de l'élément qui t'emprisonne, répondit Téleïa. Le voyage doit être court, car je sais que, non loin d'ici, s'étendait une plage qui rendait facile l'accès des établissements humains. Si cette plage a disparu sous les eaux comme celle-ci, ta maison flottante n'en trouvera pas moins des lieux propices pour aborder, car vers l'Est, les rives s'abaissent pour laisser sortir un fleuve qui se jette dans la mer. Vous achèverez ensuite votre voyage par terre, et, après un détour, vous gagnerez les prairies d'où votre race n'a pas dû s'éloigner. Maîtres de la distance, vous le serez du temps, et rien n'empêchera que vous reveniez ici consacrer votre hyménée, avant de vous fixer parmi les hommes.

— Tu nous parles de nous, dit Leucippe, et nous ne savons pas encore si tu dois nous suivre. Si ta pensée secrète est de rester ici sans nous, comment veux-tu que je me soumette à ta volonté? »

Et comme la dive hésitait à répondre, Leucippe pleura amèrement, disant :

« Que t'ai-je fait, mère cruelle, pour

que tu me chasses de ton sein? Est-ce donc là le bonheur que tu voulais me donner? Et comment veux-tu que mon hyménée ne soit pas mortellement flétri par ton absence? Hélas! j'étais si heureuse, il y a une heure, de songer que nous étions inséparables, et à présent, voilà qu'il me faut choisir entre Evenor et toi, et prévoir des jours où je pleurerai l'un ou l'autre! Pourquoi nous as-tu révélé sitôt le mystère de notre existence? Nous étions si jeunes! Ne pouvions-nous savourer encore quelque temps la félicité qui nous était accordée!

— J'aurais pu me taire, en effet, répondit la dive, si je vous avais regardés comme des êtres secondaires dans la création. Il fut un temps où je ne prévoyais rien de ce que je viens de vous prescrire. C'est quand vous étiez des enfants pour ainsi dire étrangers aux plus hautes préoccupations de mon esprit. Oui, je l'avoue, en vous chérissant comme j'avais chéri mes propres enfants, j'avais pour vous, malgré moi, les mêmes faiblesses, inutiles, hélas! que j'avais eues pour eux. Je redoutais, j'éloignais l'heure de l'initiation, et je soutenais contre moi-même un

combat violent. Je craignais de vous tuer,
et je me disais que si les dives, créatures
plus parfaites selon moi, n'avaient pu,
dans ces temps-ci, recevoir la lumière divine sans mourir, à plus forte raison, vous
succomberiez dans la lutte du monde spirituel avec le monde positif, vous autres si
peu portés, relativement, à sacrifier l'un à
l'autre. Ah! j'ai encore bien souffert à propos de vous, nobles êtres que je méconnaissais à force de sollicitude! Combien
de nuits j'ai passées à contempler votre
doux sommeil et à me dire : ils sont beaux
et forts, ils sont calmes et souriants; je

n'ai plus qu'eux sur la terre ; faut-il donc qu'en leur révélant l'immortalité de leurs âmes, je les précipite dans la lutte amère du devoir? Pourquoi ne pas les laisser vivre dans l'innocence primitive comme vivent leurs semblables? Pourquoi risquer sur eux ce terrible breuvage de la vérité qui leur donnera peut-être la mort en ce monde, sans leur assurer la vie dans l'autre?

« Vous le voyez, je doutais encore alors

que vous fussiez les enfants de Dieu au même titre que nous, vos devanciers sur la terre. S'ils n'ont pas reçu la notion de l'avenir infini, me disais-je, c'est qu'ils ne sont peut-être pas destinés à le posséder. Peut-être doivent-ils accomplir leur mission tout entière ici-bas, et revivre éternellement sous les mêmes formes, avec des organes imperfectibles, dans un milieu toujours imparfait. Ils n'ont pas mérité comme les dives, éprouvées par des siècles de souffrance, d'aller immédiatement prendre possession des astres supérieurs. Eh bien! si leur royaume est de ce monde, qu'ils y vivent dans l'ignorance des mondes meilleurs!

« Mais je ne pouvais m'arrêter à une telle résolution. Outre que ma conscience la repoussait par d'énergiques appels et de cruels tourments, je vous voyais, non pas toujours, mais quelquefois, pressés d'une ardente curiosité des choses divines. J'avais déjà vu Leucippe sortir tout à coup de l'activité fiévreuse de ses joies enfantines pour me demander avec une sorte d'autorité obstinée à qui s'adressaient mes prières et qui était l'auteur des choses. Tantôt elle voulait que j'eusse creusé la mer et entassé les montagnes; tantôt elle me remerciait d'avoir semé le ciel d'étoiles et la terre de fleuves; et quand la foudre troublait son sommeil, elle me demandait de la faire taire; elle pressentait, en dehors de nous, une puissance à laquelle elle me croyait capable de résister, et elle s'alarmait de mes réponses quand je lui disais ne rien pouvoir sur les éléments.

« Je l'avais donc initiée, d'abord malgré moi, et ensuite avec plus de confiance, en constatant que je dissipais ses terreurs en lui parlant du Père suprême. J'eus plus d'hésitation avec toi, mon fils. Ton esprit me semblait plus ardent et plus inégal encore que celui de Leucippe, et comme il y avait dans tes yeux et dans ton attitude je ne sais quelle anxiété, au commencement, je ne t'éclairais qu'avec méfiance et lenteur. Mais bientôt tu m'ouvris un esprit docile et un cœur aimant, sans que le principe de ta vie parût ébranlé par ce grand effort de la foi, et par ce brûlant éclat de la lumière d'en haut. Plus je t'ai enseigné, plus je t'ai trouvé accessible à l'enseignement, et dès lors j'ai compris l'étendue de mes devoirs envers vous deux. A présent, je sais qu'il ne m'est pas permis de vous laisser jouir de la vie à la manière des oiseaux ou des plantes, et que, pour vous élever à la vie des anges, je dois vous faire acheter leurs ravissements sublimes par les mérites du sacrifice.... »

Evenor et Leucippe n'osèrent répliquer. Ils se sentaient courbés et comme brisés, pour la première fois, par l'ascendant de l'austère vérité. Le lendemain, dès l'aube, ils allèrent dans la forêt, et, avant de commencer leur travail, ils essayèrent de prier ; mais ils ne purent d'abord que se regarder avec tristesse et se jeter en pleurant dans les bras l'un de l'autre.

« Ah ! disait Evenor, j'avais fait de si doux projets ? Téleïa nous avait dit souvent :

Quand vous aurez atteint l'âge de la liberté, je te confierai ces haches et ces massues de fer et de cuivre, et tu pourras alors entailler le rocher et faire à Leucippe un escalier pour descendre dans l'Eden. Je te permettrai d'y bâtir une cabane, et c'est dans ce riant séjour que Dieu consacrera votre hyménée. Et voilà que maintenant ces instruments de conquête sont des instruments de douleur et de servitude. Il nous faut construire, non plus un asile de paix, mais une maison de voyage et peut-être un tombeau!

— Et moi, répondit Leucippe, j'avais rêvé de te faire vivre dans un éternel soupire. Sa vie sera une fête, me disais-je, et que l'orage gronde ou que le soleil brille, il aura toujours la joie à ses côtés. Et maintenant, tu le vois, je pleure, et mes baisers vont devenir amers, car je crois que Téleïa veut que je me sépare d'elle, et je ne pourrai plus te donner un bonheur parfait, ne l'ayant plus en moi-même.

— Eh bien, dit Evenor, je ne veux pas

que ton âme soit troublée, car tes larmes me sont un supplice. Je vais dire à Téleïa qu'elle s'est trompée et que nous ne sommes pas semblables aux dives qui aimaient la souffrance et la mort. Je lui dirai que je ne veux connaître d'autres devoirs que celui de te rendre heureuse, et que, puisque tu ne peux pas vivre contente sans elle, je ne veux pas revoir ma mère ni me soucier de la peine que lui cause mon absence. »

Leucippe, effrayée de ce que disait Evenor, le retint comme il se levait pour aller vers Téleïa.

— Ta mère ! ta pauvre mère ! dit-elle. Ah ! que j'ai pensé souvent à sa douleur, depuis que je sais qu'elle vit loin de toi ! Ta mère, je l'aime, car c'est encore toi, et si, dans ton souvenir, tu la chéris autant que je chéris la dive, je vois que tu n'as pas été heureux près de moi comme je l'étais moi-même. Non ! non ! tu ne peux pas renoncer à la revoir et à la consoler.

Je n'aurais plus un jour de repos ni de joie si je t'en détournais. Il faut partir, Evenor, il faut prier et travailler.

— Eh bien, alors, toi qui ne peux vivre sans Téleïa, tu me laisseras donc partir seul, reprit Evenor, et il faut donc que je sois coupable ou désespéré !

— Non, s'écria Leucippe, tu ne seras

ni désespéré, ni coupable, et le sacrifice que tu m'offrais, je saurai le faire.

Et, s'agenouillant, elle pria avec ferveur, demandant à Dieu le courage, c'est-à-dire la joie dans les pleurs et l'ivresse dans l'immolation de soi-même.

— Mon père invisible, disait-elle, aide-moi à comprendre la loi du devoir. Je sais maintenant que je ne dois jamais te demander ni la vie, ni la santé, ni un ciel pur, ni les fruits, ni les fleurs, ni même la vue de ceux que j'aime, s'il te plaît de sacrifier à tes secrets desseins tous les trésors de mon existence et toutes les splendeurs de la nature. Mais ce qu'il m'est permis d'implorer, c'est le perfectionnement de mon âme et la puissance de t'aimer assez pour accepter tout ce qui émane de toi, même les douleurs, les dangers et les regrets déchirants. Prends donc pitié de ma faiblesse et donne-moi la force qu'il me faut pour ne jamais douter de ton amour et de ta bonté, quelque épreuve que j'aie à subir sur la terre ou ailleurs.

Evenor prosterné auprès de Leucippe se sentit transporté et ranimé par sa foi naïve.

— Oh ! Leucippe, s'écria-t-il, c'est Dieu qui me parle par la voix de ta prière. Tu me fais comprendre ce que, moi aussi, je dois lui demander, et je sens déjà qu'il nous l'accorde! Oui, je me sens inondé d'une secrète joie et comme investi d'une force nouvelle. J'apprends en cet instant qu'il est non-seulement possible, mais doux, de souffrir pour ce qu'on aime, et me voilà prêt à partir seul, sans faiblesse et sans désespoir, car je ne veux pas que tu me sacrifies ta mère ou que tu sois inquiète de moi. Je partirai et je reviendrai vite, sois en certaine; rien n'est impossible à l'amour, je le savais, et à présent je sais que rien ne lui est difficile.

Il se releva, brandissant au soleil matinal sa coignée brillante, et, comme il s'approchait d'un arbre pour lui porter le premier coup, la dive sortit de derrière cet arbre comme les hamadryades que l'on a cru jadis habitantes du tronc sacré des chênes.

— Travaille, Evenor, dit-elle, travaille avec une joie sans mélange, car l'épreuve que je t'imposais a porté ses fruits. Te voilà digne d'être l'époux de Leucippe, et c'est pour construire votre cabane dans l'Eden que le fer sacré doit sortir de son inaction. Leucippe, aide ton fiancé, selon tes forces; car, toi aussi, te voilà digne de lui. En vous sacrifiant l'un à l'autre, vous avez conquis la sainteté de l'amour, et au lieu d'une fougueuse et passagère ivresse, vous connaîtrez les joies ineffables des célestes ravissements. Jusqu'à ce jour, les larmes n'avaient consacré aucun hyménée parmi les enfants des hommes. Les larmes sont saintes, sachez-le, ô vous qui venez de répandre cette rosée du ciel sur le pacte du vrai bonheur!

L'HYMÉNÉE.

VIII

L'hyménée.

De ce moment, la dive cessa de surveiller avec inquiétude les chastes amours de ses enfants adoptifs. Elle avait dit à Evenor en lui montrant l'Eden : « Je te confie ta fiancée. Elle ne peut être ta femme sans qu'une prière suprême unisse notre triple amour en un seul. Construis ta demeure, et j'irai la consacrer par ma bénédiction, symbole de Dieu sur la terre. »

Téleïa savait que, dès lors, les transports de la nature seraient vaincus par l'esprit. Elle avait donné la vie céleste à ces deux êtres. Le trouble des sens ne pouvait plus les surprendre. La volonté était éclose en eux. Ils avaient la notion de la grandeur de leur destinée et de la majesté de leur union prochaine. Une ivresse sans conscience d'elle-même ne menaçait donc plus d'appesantir leurs esprits et de dominer leurs résolutions. Ils avaient pleuré, ils étaient baptisés par ces larmes pieuses. Ils s'aimaient enfin, et par le cœur et par l'intelligence encore plus que par les sens. Ils étaient homme et femme, c'est-à-dire un désir plein de respect et une promesse pleine de fierté.

D'ailleurs la dive ne leur laissa point

perdre de vue le sentiment de leurs autres devoirs. Elle les entretint encore de leur solidarité avec leur race et de l'avenir qu'ils devaient consacrer à l'enseignement de leurs frères. Sans limiter le temps qu'ils devaient passer dans l'Eden, elle ne leur montra les délices de leur isolement que comme une préparation religieuse à l'accomplissement d'une mission plus étendue, et la construction de la maison flottante destinée au pèlerinage fut considérée comme la conséquence de celle de la tente plantée au désert en vue de l'hyménée.

Quand elle les eut fiancés par une première bénédiction, elle se retira mystérieusement dans les rochers du Ténare, ayant là quelque rite sacré à accomplir, et voulant aussi accoutumer Leucippe à son absence.

Cette absence rendit Leucippe moins timide et plus sérieuse avec son fiancé. Le premier soin d'Evenor avait été d'entailler avec le pic des degrés égaux dans le bloc de roches qui rendaient l'accès de l'Eden dificile à sa compagne et périlleux pour lui-même. Les premiers pas du beau couple dans ce jardin choisi de la nature les transporta de joie, et d'abord ils s'y élancèrent en se tenant par la main et en témoignant leur naïve admiration par une course ardente et rapide. Evenor ne donnait pas à Leucippe le temps de voir et de comprendre. Il l'entraînait de la vallée des fleurs aux arbres des collines et des rives du lac aux rochers de l'enceinte. «Ah! que ton jardin est beau, s'écriait Leucippe; comme on y oublie les secousses et les ravages du volcan! On dirait qu'ici la terre n'a jamais produit que des fleurs, et que la sauvage mer n'a jamais osé y pénétrer. Vois comme le sol est doux et l'air tranquille! On marcherait ici toute la vie sans se lasser! » Et Leucippe, détachant ses chaussures d'écorce, les jetait loin d'elle, joyeuse de sentir sous ses pieds délicats, au lieu des cendres vitrifiées et des rudes lichens de la solfatare, les sables fins et les mousses veloutées de l'Eden.

Mais quand, à force d'errer et d'explorer, elle se sentit vaincue par la fatigue, elle s'assit à l'ombre d'un épais berceau de myrtes, et dit à Evenor qui venait se reposer à ses côtés, de bénir Dieu avec elle et de lui parler de l'endroit où ils bâtiraient leur demeure. Un instinct de pudeur l'avertissait de distraire les regards et la pensée de son fiancé de l'ardente contemplation de sa beauté enivrante.

Alors, ils cherchèrent des yeux le site le plus attrayant pour l'établissement de cette villa primitive qui s'élevait dans leurs imaginations comme un temple, chef-d'œuvre de l'art relatif à l'aurore de la vie. Ils en eurent pour tout un jour à choisir l'emplacement de leur sanctuaire. Leucippe se faisait déjà l'idée d'une cabane, car, dans ses jeux enfantins, Evenor en avait bâti bon nombre avec de petites branches, et Leucippe, en les admirant, les avait imitées. Ils tracèrent donc sur le sable les proportions de celle qu'ils rêvaient ensemble, et ce fut à mi-côte de la colline qu'ils décidèrent de la commencer, en vue du lac, et à l'abri des rochers qui pouvaient se détacher des montagnes en cas d'un nouveau tremblement de terre.

Leucippe chérissait les fleurs, et celles de l'Eden étaient si belles qu'elle regrettait de les voir foulées et broutées en quelques endroits par les sauvages troupeaux de la vallée. Ces troupeaux s'étaient beaucoup multipliés depuis l'encombrement du défilé, et Evenor, à qui la dive avait enseigné la chasse en lui confiant un arc et des flèches, résolut d'en immoler une partie. Ce fut un chagrin pour Leucippe. Elle voulait seulement qu'une palissade fût élevée autour de la partie du jardin où l'on placerait la cabane, pour préserver les plus belles plantes. Mais Evenor lui rappela les leçons de la dive.

— Souviens-toi, lui dit-il, que la destruction est la loi de l'animalité. Les animaux enfermés ici sont trop nombreux, et tu vois qu'ils se font la guerre et se tuent les uns les autres. Quand Téleïa nous racontait la création terrestre, elle nous montrait chaque être apparaissant aussitôt que l'être, destiné à devenir l'aliment de son existence, commençait à tout envahir. A la plante ont succédé l'animal qui broute l'herbe et la feuille, et l'insecte qui suce la poussière fécondante des fleurs. D'autres animaux dévorent ceux-ci, et l'homme est sans doute destiné à manger les animaux quand sa race se sera multipliée au point de ne pouvoir plus leur laisser un trop grand parcours sur la terre. Les coquillages de la mer, les œufs des oiseaux, les grains et les fruits même que nous mangeons sont des êtres vivants ou destinés à vivre, que nous ne saurions nous reprocher de détruire, car nous avons droit sur la nature entière ; et si la chair et le sang nous inspirent encore une vive répugnance, Téleïa l'a dit, et je le crois, il n'en sera pas toujours ainsi.

« Quant à présent, la dépouille de ces buffles et de ces chamois qui sont devenus trop nombreux dans notre Eden, nous sera utile. Nous respecterons les oiseaux, parce que, libres de quitter cette vallée, ils ne menacent pas de nous laisser manquer de fruits. Un jour viendra pourtant où les hommes aussi leur feront la chasse, si le nombre de ces hôtes avides augmente jusqu'à dépouiller tous les arbres. »

Leucippe devenait triste à l'idée des futurs besoins de l'humanité et de la persécution que les innocentes créatures de l'air et des bois devaient fatalement subir. Elle comprenait cependant que, de toutes les existences de ce monde, celle de l'homme étant la plus précieuse, toutes celles qui pouvaient lui devenir nuisibles, devaient être sacrifiées ; mais elle pleura lorsqu'elle vit tomber la première biche sous la flèche d'Evenor, et le jeune homme lui-même ne put accomplir cette sorte de meurtre sans une émotion profonde.

Pourtant il regarda comme un devoir de préserver l'Eden d'une dévastation qui eût eu pour effet de rendre toutes ces bêtes nuisibles ou furieuses; et quand il en eut diminué le nombre, il s'attacha à préserver et à apprivoiser toutes celles que des instincts de domestication poussaient à chercher sa protection. Elles furent bientôt, par les soins de Leucippe, aussi familières que celles de la forêt du Ténare, et, libres dans un espace assez vaste pour leurs besoins de pâture et de mouvement, si elles ne venaient pas toutes à sa voix, du moins aucune ne fuyait à son approche, et plusieurs semblaient même se plaire à ses caresses. Les chiens surtout montraient, comme ceux de Téleïa, une intelligence et un attachement extraordinaires, et si quelques bêtes malfaisantes eussent pu pénétrer dans l'Eden, Evenor et Leucippe eussent été fidèlement gardés et défendus.

La cabane s'éleva rapidement, plus vaste, plus solide et plus élégante qu'aucune de celles dont Evenor se rappelait avoir vu le modèle dans sa tribu. Ses outils de fer lui permettaient une bien autre précision dans l'assemblage des pièces, et le choix des matériaux bien plus précieux. Il fit tous les montants en tige de jeunes cèdres déjà vigoureux, et, au lieu d'un toit de branches et de terre battue, il inventa une sorte de fronton revêtu d'écorce et de palmes, qui facilitait l'écoulement des pluies. Il ne voulut pas que Leucippe y entrât en rampant, comme dans une tanière, mais qu'elle pût y marcher et y respirer comme dans la vaste grotte des dives. Il avait eu soin de ne pas dépouiller le terrain aux alentours et de réserver de longues vignes qui, enlacées au chèvrefeuille et au jasmin, furent disposées par lui avec grâce sur les parois extérieures et sur le toit de la cabane. Il inventa même des sièges et des vases de bois, tandis que Leucippe, laborieuse et industrieuse autant que lui, inventait des corbeilles nouvelles et des ustensiles de jardinage. Le sol de la cabane, battu avec soin par Evenor, fut recouvert par elle d'une fine puzzolane qu'elle alla recueillir dans les creux volcaniques, et de légères dalles de basalte firent un canal d'irrigation au milieu du palais rustique. Evenor y avait ménagé le passage d'un limpide ruisseau dont le continuel murmure résonnait à son oreille comme un chant d'hyménée.

Tout ce doux travail fut poursuivi avec une ardeur naïve. Quelquefois Evenor trouvait que Leucippe, plus calme que lui, le faisait durer trop longtemps. Et pourtant, chaque fois qu'elle insistait sur la perfection d'un détail, il s'y prêtait avec docilité, et l'achevait avec conscience. Négliger quelque chose dans l'embellissement du nid sacré, lui eût semblé injurieux envers

Leucippe et indigne de son propre amour. Chaque soir, les deux beaux fiancés, un peu fatigués de leur journée, mais impatients de recommencer le lendemain, retournaient auprès de la dive. Il la trouvaient rentrée avant eux dans la grotte, et la joie de Leucippe était extrême en la revoyant. Téléïa lisait sur son front pur la pureté de ses préoccupations et eût craint de l'outrager par un doute.

L'HYMÉNÉE.
(Suite.)

L'hyménée.
(Suite.)

Mais, de son côté, Leucippe la regardait avec une secrète anxiété. La divé changeait visiblement d'aspect. Chaque jour elle était plus pâle et d'une stature plus ténue, ce qui la faisait paraître plus grande. Sa beauté, ravagée par la douleur, avait pourtant un type de noblesse indélébile, et ses yeux prenaient une sérénité effrayante, parce qu'ils avaient la fixité de la mort.

Quand Leucippe lui demandait si elle éprouvait quelque souffrance ou quelque redoublement de tristesse, elle répondait avec un sourire étrange qu'elle n'avait jamais été plus calme, et quand ses enfants adoptifs la suppliaient de ne pas rester seule tout le jour, et de venir voir leurs travaux, elle répondait avec une douceur inexorable qu'elle irait le jour où Leucippe lui dirait que tout était prêt pour la prière solennelle.

Quand tout fut prêt, en effet, Leucippe hésita et trembla devant Evenor, plus tremblant qu'elle-même. Leucippe n'ignorait pas les lois de l'hymenée. L'ignorance absolue des vierges est un résultat factice de l'éducation, une nécessité toute relative de nos mœurs corrompues. Dans les temps d'innocence, la pudeur n'était menacée d'aucun souffle impur, et l'accomplissement des lois de la vie n'était pas envisagé comme un péril pour la dignité humaine.

Si Leucippe eût vécu dans la tribu d'Evenor, elle eût attendu en souriant le nouvel hôte de sa cabane. Mais Leucippe, aussi pure que ces filles sans appréhension et sans réflexion, avait de plus qu'elles un respect éclairé et enthousiaste pour l'époux qui lui était destiné. Ce respect éveillait en elle la pudique modestie de l'amour et comme un sentiment de terreur religieuse au moment d'une consécration qui, dans sa pensée, embrassait l'éternité tout entière.

De son côté, Evenor, plus tourmenté de vagues désirs et moins timide vis-à-vis de lui-même, se sentait éperdu et troublé devant la crainte de déplaire à Leucippe. Sa délicatesse intérieure était peut-être moins exquise, car il s'inquiétait de l'émotion mystérieuse de sa fiancée sans en bien comprendre la cause. Il avait donc des moments d'impatience où il était tenté de lui reprocher de l'aimer faiblement ; mais la mélancolique rougeur de Leucippe lui semblait une condamnation de ses pensées, et il n'osait même plus la questionner sur sa réserve.

Cependant un soir qu'ils revenaient vers

la dive, il lui dit en s'agenouillant devant elle pour arrêter sa marche obstinée : — « Ecoute-moi, Leucippe, et réponds-moi : Il faut que tu me dises si j'ai perdu ta confiance, et si, par quelque faute que j'ignore, j'ai mérité de te voir triste et pensive comme tu l'es depuis que la cabane est finie.

—Loin de là, répondit Leucippe ; ton silence, ton respect et ton courage me pénètrent d'un tel amour que je me demande à toute heure si je mérite d'être ta compagne pour toujours. Songe, Evenor, que nous allons jurer à Dieu, devant Téleïa et dans toute l'ardeur de nos volontés, de nous appartenir l'un à l'autre dans cette vie et dans toute la suite de nos existences futures. Eh bien ! sais-tu à quoi je songe ? C'est que si je ne suis pas un être assez parfait pour te rendre heureux, tu seras troublé par moi et las de moi dans toute l'éternité. Voilà pourquoi j'hésite et me recueille ; voilà pourquoi je rêve et prie sans cesse. Si je devais être, dans l'hyménée, l'éternelle cause de ta souffrance, j'aimerais mieux rester ta sœur, car, jusqu'à ce jour, je ne t'ai causé aucune peine, et tu m'as toujours bénie. J'ignore les joies de l'hyménée ; mais, quelles qu'elles soient, j'y renoncerais à jamais plutôt que de te les donner au prix de ton amitié sans mélange et sans fin.

— Ah ! je puis te jurer de moi la même chose, s'écria Evenor. Oui, j'aimerais mieux rester ton frère que de satisfaire ma passion au prix de ton bonheur et de ta tendresse. Mais, j'ai confiance en moi-même. J'ai l'orgueil de mon amour, et tu ne dois pas t'en méfier. Je me sens en possession d'une flamme si ardente et si sainte que je peux répondre de moi comme de toi-même. Va, ne crains rien. Dieu sait que je suis digne de ton amour, parce que le mien est toute ma vie. Quand je devrais souffrir pour toi tout ce que l'humanité peut souffrir, des peines et des craintes que j'ignore... quelles qu'elles soient, je les accepte, sachant que je ne puis rien souffrir qui me vienne de toi, et que je serai toujours assez heureux, puisque tu m'aimes. »

Leucippe releva Evenor, et, sans lui répondre, elle le conduisit auprès de la dive :

« Ma mère, lui dit-elle, veux-tu venir demain bénir la maison de l'Éden, qui est prête à te recevoir?

— Soyez-y à l'aube naissante, répondit la dive. Moi, j'y entrerai avec le premier rayon du soleil. »

Les oiseaux commençaient à gazouiller faiblement dans le crépuscule bleuâtre quand les fiancés entrèrent dans le splendide bosquet de fleurs et de feuillages qui entourait la cabane ; mais ils n'osèrent pénétrer les premiers dans la cabane même. Leucippe avait suspendu devant la porte un de ces forts tissus de palmier

que la dive lui avait enseigné à tresser
pour conserver la fraîcheur de son habitation. Quand la dive arriva et souleva cette
natte, deux petits roitelets troglodytes,
qui s'y étaient glissés durant la nuit, en
sortirent avec un chant d'une douceur
inexprimable. En d'autres temps, cet augure eût été commenté et interprété par
les hommes. Les jeunes époux n'y virent
qu'un sujet d'attendrissement qu'ils ne
cherchèrent point à définir.

D'ailleurs, la dive absorbait leur attention. Elle avait repris, pour ce jour-là, l'antique costume de sa race. Sa tunique de peau de panthère tachetée (dépouille d'un animal depuis longtemps expatrié de cette région) était assujettie à sa taille svelte et imposante par une ceinture et des agrafes d'or d'un travail lourd et d'un goût austère comme le bandeau de pierreries brutes qui retenait ses longs cheveux blonds. Elle portait un livre, c'est-à-dire une large tablette de métal qu'elle posa sur le seuil de la cabane. Elle avait passé les jours et les nuits, depuis les fiançailles du jeune couple, à résumer, dans de courtes sentences, les principes religieux et sociaux qu'elle leur avait communiqués. La science des temps primitifs, loin de s'aider du développement de l'éloquence, consistait, pour la langue écrite, dans une symbolisation énergique et concise de l'idée. De là le mystère de ces formules, qui ne fut motivé d'abord que par la difficulté matérielle de résumer les codes religieux dans de courtes inscriptions ou sur des monuments pour ainsi dire portatifs, mais qui, plus tard, par une fausse application de la loi d'initiation, devint le principe des doctrines ésotériques. De ce que la parole, fugitive et facile à altérer, ne suffisait pas à l'enseignement religieux ; de ce que le dogme écrit exigeait de certaines constructions de langage et de certaines études, l'erreur des initiations exclusives et secrètes prévalut longtemps dans les sociétés naissantes, jusqu'aux époques de lumière morale, où de sublimes vulgarisateurs, comme Orphée, Pythagore ou Moïse, dégagèrent la vérité du mythe et donnèrent, en langue vulgaire, les lois de la religion et de la vertu à tous les hommes.

Les tables de la loi, qu'apportait la dive aux premiers initiés de l'humanité, étaient loin de cette apparente simplicité, bien qu'elles fussent pour Evenor et Leucippe d'une simplicité encore plus radicale. A travers les signes abréviatifs qui savaient rendre chaque phrase par un mot, par moins qu'un mot, par un signe élémentaire, voici la traduction de ce qu'ils lurent.

« Dieu, essence et substance infinies, partout et toujours simultanément.

« L'homme, essence et substance finies, dans les temps et dans les mondes successivement.

« La perfection divine infinie partout et toujours spontanément.

« La perfection humaine relative dans

les temps et dans les mondes progressivement.

« L'esprit divin créateur, rénovateur et révélateur partout et toujours simultanément.

« L'esprit humain inventeur, innovateur et propagateur dans les mondes et dans les temps progressivement.

« Dieu toute lumière, toute puissance, tout amour.

« L'homme toute aspiration à la lumière, à la liberté, à l'amour.

« A qui croit et observe les lois, le règne du bien et le perfectionnement soutenu de son être dans l'infini et dans l'éternité.

« A qui les nie et les méprise, le châtiment du mal et l'angoisse d'une lente amélioration dans les mondes et dans les temps. »

Les pensées élémentaires qu'aujourd'hui, à l'aide des mots propres et de l'écriture convenue et fixée, nous pouvons éterniser en quelques minutes, avaient coûté un travail sérieux et opiniâtre à la dive, forcée de créer à la fois les mots et les signes ; car on pense bien que, de tous les entretiens que nous avons prêtés aux trois anachorètes du Ténare, pas une seule phrase, pas un seul mot ne pourrait être la traduction directe des formes d'un langage primitif. Mais l'esprit de ces entretiens et le fond de ces doctrines, pour être modernes, n'en sont pas moins conformes aux mytiques révélations de la plus haute antiquité.

Quelle que soit la forme, quel que soit

le symbole, des vérités à la fois immenses et naïves apparaissent comme une révélation émanée du ciel même, à l'aurore de la raison humaine, et quand cette raison a tourné dans des cercles de lumière ou de ténèbres qui s'enchaînent comme les spires d'une spirale, elle n'arrive qu'à confirmer, par ses travaux et ses recherches, la force de ces vérités proclamées *à priori* par l'inspiration divinatoire des premiers âges.

Quant à l'écriture mystérieuse de la

dive, transmise à Evenor et à Leucippe, c'était probablement celle dont les hommes ont gardé longtemps les rudiments, affaiblis et altérés dans les secrètes traditions de leurs temples. On sait que, de même que le latin, langue morte et lettre close pour les illettrés, sert aujourd'hui de formule au culte catholique, une langue morte, oubliée du vulgaire, fut longtemps la formule des initiations de certains sanctuaires dans la haute antiquité. C'était la langue sacrée, la langue mystérieuse qui, torturée par l'interprétation, comme l'est aujourd'hui l'hébraïque primitive, arriva à se perdre entièrement, peut-être à l'époque de l'événement inconnu symbolisé dans le récit de la tour de Babel.

Quand la dive eut fait lire aux fiancés les préceptes écrits, elle leur dit : « Je n'ai plus rien à vous apprendre; vous savez tout ce que je sais, car tout ce qui est écrit là est écrit pour l'esprit. Vous savez que vous êtes esprit avant d'être corps et que l'esprit est lumière. Vous savez que l'esprit s'unit au corps, c'est-à-dire l'essence à la substance par la loi de l'amour, et que, comme la perfection divine est à la fois esprit, substance et amour, la perfection humaine doit tendre à équilibrer les forces de l'esprit, du sentiment et de la substance.

« N'oubliez donc jamais que vous êtes deux âmes qui s'unissent, c'est-à-dire deux intelligences aimantes, et que l'union des sens n'est qu'une manifestation passagère, et comme un sacrement ou mystère commémoratif de l'union spirituelle et permanente de vos êtres abstraits. Que cette notion domine le délire de vos embrassements, elle le rendra divin et fera, d'un acte de la vie matérielle, un acte de la vie supérieure. Les vraies délices de l'amour sont à ce prix. Quiconque, dans les actes de l'amour, oublie son âme, ne trouve dans la vertu de son corps que fureur, suivie de lassitude. Pour celui qui unit son âme en même temps que son corps, les transports sont sacrés et les anéantissements délicieux. Là est tout le mystérieux plaisir des sens, la dernière des manifestations de l'animalité sauvage, la première de celles de la spiritualité humaine. »

Ayant ainsi parlé, la dive bénit le chaste couple et se retira.

Elle n'avait exigé des deux époux aucune formule de serment réciproque.

Le serment n'était pas encore institué sur la terre. Témoignage de la fragilité humaine, ce vain palliatif de notre misère ne pouvait pas être imaginé dans l'âge de l'innocence, et chez ces deux premiers initiés à l'idée d'amour et de vertu, la vertu inséparable de l'amour mise en doute par l'exigence réciproque du serment eût semblé souillée par un blasphème.

La dive ne s'était pas préoccupée non

plus d'une formalité qui, dans les temps ultérieurs eût semblé indispensable aux âmes pieuses ; je veux parler du consentement et de la bénédiction des parents d'Evenor. La raison de cet oubli était simple : L'hyménée d'Evenor et de Leucippe était le premier hyménée consacré religieusement sur la terre. Chez les hommes, l'amour n'était encore qu'un instinct tout ingénu, satisfait sans prévoyance et sans solennité. L'attrait de la jeunesse décidait du choix. La fidélité était un autre instinct naturel, dont nul ne songeait à nier l'exellence et que les conditions sociales de la famille tendaient à conserver, en l'absence de lois et de préceptes. Mais qu'il y avait loin de ces inoffensives associations à l'union ardente, parce qu'elle était raisonnée, d'Évenor et de Leucippe !

L'HYMÉNÉE.
(Suite.)

L'Hyménée.
(Suite.)

Si Evenor eût vécu dans sa tribu, il eût rencontré fortuitement la compagne de sa vie, ou, s'il l'eût cherchée, ce n'eût été que sous l'influence magnétique d'un soleil de printemps. Appelée comme lui, par les effluves de la vie printanière, dans quelque retraite ombragée ou dans quelque promenade excitante, cette compagne, à la fois sans crainte comme sans enthousiasme, sans trouble comme sans volupté, eût consenti à être sa femme, sans prendre à témoin ni le ciel incompréhensible, ni la terre insouciante, ni la famille débonnaire. La nouvelle épouse fût revenue vers la tribu avec le nouvel époux, pour dire à ces tranquilles parents : « Nous nous sommes unis l'un à l'autre, et nous allons bâtir notre demeure. » A quoi ceux-ci eussent répondu : « Allez, et nous vous aiderons à élever vos enfants. »

Evenor ne pouvait donc songer à consulter son père et sa mère, dans l'état d'ignorance et d'indifférence où il les avait laissés plongés ; mais il se réservait, ainsi que Leucippe, d'aller leur demander leur bénédiction, en même temps qu'il leur apprendrait, s'il était possible, quelles relations sociales et religieuses établit l'adoption particulière.

Cette résolution ne fut donc pas mise

en oubli dans l'ivresse de leur bonheur. Toutes leurs notions supérieures ne pouvaient que s'aviver au foyer de leur amour, et, peu de jours après leur hyménée, Téleïa vit avec une satisfaction douloureuse qu'Evenor travaillait avec Leucippe au plan de sa maison flottante.

La pauvre dive avait sacrifié ses propres entrailles sur l'autel de l'amour divin. Elle avait connu de l'humanité cette excessive tendresse maternelle qui lui avait été envoyée d'abord dans la personne de ses enfants comme une épreuve suprême, et ensuite dans celle d'Evenor et de Leucippe, comme une suprême consolation. Mais le temps était venu où elle avait compris et accepté l'immolation de ce dernier bonheur, comme une nécessité du bonheur de ces enfants adoptifs, puisque, dans ses idées rigides et saines, leur bonheur ne pouvait être séparé de la pratique du devoir. Elle combattait donc contre elle-même, tout en combattant la tendresse que lui témoignait Leucippe, et tous ses soins tendaient désormais à lui inculquer non-seulement l'idée, mais encore l'habitude de leur séparation.

Dans cette lutte intérieure, Téleïa sentait sa vie physique diminuer rapidement, en même temps que l'enthousiasme, fruit sacré de la douleur, exaltait le principe de sa vie intellectuelle. Cachant sa souffrance et dominant ses regrets anticipés, elle souriait devant ces préparatifs de départ et parlait du retour espéré de ses enfants, en frémissant, au fond du cœur, des hasards du voyage et des dangers de la mer.

Elle ne varia pourtant point dans sa résolution de ne pas les suivre. Quand Leucippe la suppliait :

« Non, répondait-elle, Dieu n'a point permis de cette façon l'alliance des dives avec les hommes. Tout ce que je pouvais faire pour eux est accompli. Ma figure ne leur causerait que frayeur, et ma parole étrangère ne pourrait porter chez eux aucun fruit. C'est ici que je dois vous attendre pour ranimer en vous l'esprit d'amour et de foi, si, ébranlés comme je le fus moi-même par quelque grande douleur, vous revenez me demander l'assistance morale et religieuse. »

Leucippe, en la voyant si pâle et si affaiblie, tremblait de ne plus la retrouver ;

mais Evenor lui rendait l'espoir et les idées riantes. « Aie confiance, lui disait-il ; Dieu a donné pouvoir à l'homme sur toute la terre et sur les eaux ; par conséquent, nous vaincrons cet élément terrible : le voyage est court ; nous le ferons souvent, et si, comme je le crois, nous détruisons la frayeur que les dives inspirent aux hommes, nous viendrons chercher Téleïa pour vivre parmi eux. Songe qu'elle est jeune encore, et que, selon la loi qui présidait encore naguère à l'existence de sa race, elle doit vivre encore plus longtemps que nous. »

Dès qu'Evenor eut entrepris la barque qu'il appelait sa maison flottante, il se sentit comme passionné pour cet ouvrage. Il en choisit les matériaux avec un grand soin. Que n'eût-il pas donné pour retrouver les débris de celle qui avait autrefois porté Leucippe vers ce rivage! Un jour qu'il rêvait au bord du lac d'Eden, examinant diverses combinaisons de petits ais flottants qu'il y avait lancés comme des essais de la réalisation de sa pensée, Leucippe lui dit en lui montrant une sarcelle apprivoisée qui nageait tout près d'eux :

« Regarde cet oiseau, il navigue sans effort et sans aucune science, grâce à sa forme élégante. Sa poitrine gonflée fend les ondes et tout son corps allongé et finement arrondi semble destiné à surnager, quelque vent qui le pousse.

« J'ai déjà remarqué cela, dit Evénor, et je veux donner à mon ouvrage la forme du cygne qui est encore plus belle. Faire flotter un corps sur la mer ne me paraît pas difficile ; mais comment le dirigeronsnous? Ces oiseaux nageurs se servent de leurs pattes, et il nous faudrait faire un grand oiseau de bois qui eût aussi deux pieds palmés capables de battre les ondes. Cela n'est pas impossible, car nos bras sauraient bien mettre ces sortes de nageoires en mouvement. Ce qui me tourmente, c'est pourquoi l'homme lui-même ne nage pas comme les animaux, et il me semble que si j'essayais, je traverserais ce lac, dont une folle méfiance m'a empêché jusqu'à ce jour d'affronter les endroits profonds. »

En parlant ainsi, tout plein de sa méditation, Evenor s'élança dans les ondes bleues du lac, et, s'abandonnant à son instinct, il trouva, en peu d'instants, le système de mouvements qui devait le maintenir à la surface et lui fournir une nouvelle manière de cheminer sur un milieu sans résistance absolue. Leucippe, effrayée d'abord, n'eût pas plutôt vu sa victoire, qu'elle s'élança à son tour et se mit à nager avec plus de souplesse encore que lui, plongeant en folâtrant comme une mouette, et se livrant à l'instinct avec la confiance d'une âme heureuse.

Ce jour-là, ces époux ingénus s'imaginèrent qu'ils n'avaient plus besoin d'une barque, et qu'ils pouvaient traverser les mers comme les hirondelles. Il leur tardait d'être au lendemain pour essayer leurs forces au sein des vagues ; mais ils eurent bientôt reconnu le court trajet qu'ils pouvaient faire, et ils revinrent, se disant qu'ils n'avaient oublié qu'une chose, c'est qu'il leur eût fallu des ailes pour reposer leurs autres membres, ou pour aborder les écueils d'où le flot les repoussait avec fureur.

La construction de l'esquif fut donc reprise avec courage, et, après bien des essais, les rames furent mises en mouvement; la pirogue, svelte et légère, fut lancée par Evenor à une certaine distance du rivage. Leucippe, penchée sur les flots, le suivait des yeux, pâle et frissonnante. La dive lui cacha d'abord sa propre angoisse, mais quand elle vit la hardiesse et l'habileté du jeune nautonnier, elle revint à sa confiance fataliste. « Cette race est faite pour tout soumettre, s'écria-t-elle avec transport, et les éléments ne peuvent rien contre elle ! Va ! Leucippe, va, ma fille, et ne crains rien. Monte sur cet oiseau magique qui peut faire à votre gré le tour du monde. »

Evenor ne consentit cependant à prendre Leucippe à ses côtés, dans la barque, que quand il se sentit bien maître de sa découverte. Il la perfectionna bientôt d'une manière qu'il n'avait pas prévue. Comme il avait trouvé la chaleur ardente sur cette mer sans abris, il voulut y faire une tente à Leucippe, et, à cet effet, il dressa sur des piquets adaptés à l'esquif, la tendine de tissu de palmier de sa cabane. Aussitôt la brise enfla cette voile improvisée, et les époux virent qu'ils pouvaient se reposer de la fatigue de ramer.

En peu de jours, Evenor observa les effets du vent combinés avec la résistance du tissu, et il sut se servir de la voile comme il s'était servi de la rame. Dès lors il n'eut plus de crainte pour sa compagne chérie et prit les instructions de la dive, qui lui enseigna sur quelles étoiles il devait se diriger dans le cas où la nuit les surprendrait dans leur traversée. Elle porta dans la barque les vases, les outils et les toiles de roseaux et d'écorces dont elle voulait que ses enfants pussent transmettre l'invention et l'usage aux hommes de leur race. Leucippe cueillit les plus beaux fruits de l'Eden, Evenor lui ayant appris qu'ils étaient inconnus à sa famille et à sa tribu. Lui-même choisit la dépouille des animaux qu'il n'avait jamais vus paraître sur le plateau, et les plantes dont la graine nourrissante pouvait être acclimatée dans d'autres régions.

Munis de tous ces présents, ils reçurent la bénédiction de Téleïa qui partageait leur confiance quant à la rapidité et à la sûreté du voyage, mais qui leur cachait l'effroi et la douleur de l'isolement où elle allait retomber. Elle affectait même de leur dire qu'elle avait besoin de quelques jours de solitude pour se recueillir après tant de préoccupations dont ils avaient été l'objet.

Elle les suivit du regard aussi longtemps que sa vue put saisir l'esquif comme un point noir sur les flots écumeux. Debout sur le rocher le plus élevé qu'elle avait pu atteindre, tant qu'elle distingua les baisers que lui envoyait Leucippe, elle agita son voile dans les airs; mais quand la barque eut tourné les écueils de la côte et qu'elle ne vit plus rien, elle se laissa tomber sur la roche dénudée et y resta comme privée du souffle de sa vie, emporté par sa chère Leucippe.

Quand elle se releva, elle fut surprise de se trouver dans les ténèbres. Le soleil lui faisait pourtant sentir sa chaleur et le chant des oiseaux résonnait dans les airs. Elle chercha à voir le ciel ; elle n'y trouva ni soleil, ni nuages, ni étoiles ; c'était une voûte sans clarté. Elle chercha à voir le sol sur lequel ses pas se dirigeaient au hasard : c'était un linceul uniforme. Elle chercha à voir ses chiens.

qui hurlaient autour d'elle et la tiraient par son vêtement ; elle ne les distingua pas plus que le reste. Elle passa les mains devant ses yeux et n'y sentit passer aucune ombre. « Cela devait être, dit-elle avec la tranquillité du désespoir. Leucippe était la lumière de mes yeux. Elle soutenait mon existence ; elle en était le but et la cause. A présent, dive condamnée, me voici aveuglée comme ceux de ma race ont commencé et fini. Dieu, mon père, que ta volonté soit faite ! Si je ne dois plus entendre la voix de Leucippe, donne-moi la lumière d'un séjour plus propice ; mais si je puis encore lui être bonne à quelque chose sur la terre, laisse-moi vivre encore dans l'horreur des ténèbres. »

Et la dive infortunée, guidée par ses chiens inquiets et plaintifs, se traîna le long des rochers et regagna sa grotte solitaire.

L'ORGUEIL.

IX

L'Orgueil.

Il nous faut revenir en arrière de quelques années et voir ce qui s'était passé chez les hommes du plateau jusqu'à la disparition d'Évenor.

L'aïeul était rentré dans le sein de Dieu après de longs jours dont l'innocence n'avait pas été tout à fait inféconde, puisqu'il avait encouragé les progrès relatifs de sa nombreuse postérité autant qu'il lui était donné de le faire. Après lui, ces progrès furent pourtant plus rapides dans un certain sens, mais ils prirent un caractère dangereux, faute de lumières suffisantes.

Parmi les compagnons d'enfance d'Evenor, Sath, fils d'une des sœurs de sa mère, avait montré une singulière indifférence, et même comme une secrète joie, devant l'événement qui avait jeté le deuil et l'effroi dans la famille. Tandis qu'on cherchait de tous côtés l'enfant disparu, et que la mère désolée faisait retentir les bois et les prairies de ses cris et de ses sanglots, l'adolescent farouche donnait des signes de dédain et affectait de ne pas se mêler aux recherches des autres membres de la tribu.

Sath était plus âgé de quelques années

que les autres compagnons d'Evenor, et son développement robuste le faisait paraître plus avancé encore. Sa beauté déjà virile réjouissait les regards, mais son intelligence tardive l'avait longtemps effacé et comme subordonné à l'ascendant d'Evenor et de ses jeunes amis.

Evenor parti, la vanité de Sath se sentait plus à l'aise, car il était vain de sa taille, de sa force et de son habileté dans les exercices du corps. Le contentement de soi-même est une des premières misères humaines que l'on voit se développer dans l'enfance de l'individu, et presque toujours l'engouement prématuré dont il se sent l'objet le jette pour toute sa vie dans ce mal incurable. C'est à ce mal qu'Evenor lui-même eût peut-être succombé sans l'expiation de sa solitude dans l'Eden et sans les sages enseignements de la dive.

Ce que l'on peut observer dans l'enfance de l'individu se remarque aussi dans celle des peuples. L'orgueil et la vanité y suscitent les premiers troubles, et quand les temps d'innocence finissent avec l'abondance des biens de la terre, l'ambition et la cupidité se trouvent tout naturellement engendrées par ces premiers vices, jusque-là inoffensifs en apparence.

La vanité est contagieuse. Nul ne peut se particulariser sans éveiller aussitôt chez les autres le besoin de se particulariser aussi, et de savourer ces douceurs de l'approbation générale qui sont l'émulation des nobles âmes et l'enivrement des esprits faibles.

FIN DU DEUXIÈME VOLUME.

TABLE

DU SECOND VOLUME.

—

Chap.			
	IV.	Le Verbe (*Suite*).	1
	V.	Les Dives	35
	VI.	La Mère.	79
	VII.	Le Devoir.	120
	VIII.	L'Hyménée	214
	IX.	L'orgueil	295

Sceaux, imp. de Munzel aîné.

POUR PARAITRE PROCHAINEMENT.

UN ROMAN NOUVEAU DE GEORGE SAND

Grandeurs de la vie domestique.

M. DE BOIS-D'HIVER

PAR CHAMPFLEURY.

SCEAUX — IMPRIMERIE DE MUNZEL FRÈRES.